ODETE LOPES MAZZA

Baralho Cigano Lenormand

tradicional

ALFABETO

Publicado em 2024 pela Editora Alfabeto

Direção Editorial: Edmilson Duran
Capa: Paulo Rodrigues
Ilustração das cartas: Julia Flohr
Revisão: Bruna Gomes Ribeiro
Produção Editorial: Rackel Accetti
Diagramação: Décio Lopes

DADOS INTERNACIONAIS DE CATALOGAÇÃO DA PUBLICAÇÃO

Lopes Mazza, Odete

Baralho Cigano Lenormand Tradicional / Odete Lopes Mazza, 2ª edição. São Paulo: Alfabeto, 2025.

ISBN: 978-65-87905-69-3

1. Lenormand 2. Arte Divinatória 3. Baralho Cigano I. Título

Índices para catálogo: oráculo

Todos os direitos reservados, proibida a reprodução total ou parcial por qualquer meio, inclusive internet, sem a expressa autorização por escrito da Editora.
Direitos de publicação no Brasil reservados para a Editora Alfabeto.

EDITORA ALFABETO
Rua Angela Tomé, 109 | CEP 09624-070
São Bernardo do Campo /SP | Tel: (11)2351.4168 |
E-mail: editorial@editoraalfabeto.com.br
Loja Virtual: www.editoraalfabeto.com.br

Sumário

Breve história do Baralho Petit Lenormand 9

Introdução ao Baralho Petit Lenormand 13
    Apresentação das cartas 15

A leitura das cartas Lenormand 139
    Siga a seguinte sequência: 139
    O método das "três cartas" 140

Sobre a autora e a ilustradora 143
    Odete Lopes Mazza 143
    Julia Flohr 144

Shaila Naisha Kumar Lopes

Minha Amada Vovó Shaila

Querida vovó, a você, que foi um presente valioso em minha existência, que me criou e me ensinou tudo o que sei — humildade, respeito, ética e profissionalismo pelo mundo esotérico —, hoje te honro com o presente, que, com a sua bênção, estará nas mãos de outros profissionais.

Carinhosamente, tua neta Detinha

Que este livro seja para todos nós um bom companheiro de trabalho e que possa iluminar a vida daqueles que vêm em busca de uma luz. Assim seja!

Odete Lopes Mazza
Suíça, 19 de outubro 2023

Breve história do Baralho Petit Lenormand

O primeiro passo para aprender a linguagem de um baralho é conhecer suas origens. Unicamente por razões de marketing, o baralho carrega o nome da célebre cartomante francesa Marie-Anne-Adélaïde Lenormand, morta em 1843. O baralho Petit Lenormand é baseado em um baralho chamado "O Jogo da Esperança", desenvolvido em 1798-1799 pelo empresário Johann Kaspar Hechtel, criador de jogos sociais.

Marie-Anne-Adélaïde Lenormand nasceu no dia 27 de maio de 1772 em Aleçon, na Normandia (França), e faleceu no dia 25 de junho de 1843 em Paris, Île-de-France, na França. Contrariando as afirmações acerca do dia de seu nascimento, existem documentos oficiais indicando que a data seja 16 de setembro de 1768. Órfã de pai e mãe — Jean Louis Antoine Le Normand e Marie Anne Le Normand —, que faleceram prematuramente quando ela tinha cinco anos, Lenormand foi educada em um colégio de freiras. Em 1790, se estabeleceu em Paris e, três anos mais tarde, juntou-se à Madame Gilbert, passando a realizar consultas de cartomancia. Em 1797, passou a viver na Rue de Tournon n.º 5 e abriu uma livraria que servia de fachada para um consultório de cartomancia. Ilustres personagens se destacavam na sua enorme lista de clientes: Marat, Robespierre, Saint-Just — que prognosticou uma violenta e trágica morte — e o Czar Alexander I. Lenormand afirmou também ter sido confidente e vidente da imperatriz Josephine e de seu marido, Napoleão Bonaparte. Em 1814, iniciou sua carreira literária e publicou vários livros, descrevendo sua trajetória e sua relação com alguns ilustres personagens daquela época. Essas obras e algumas das suas previsões foram motivos de controvérsia pública, ao ponto de precisar enfrentar processos judiciais e penas de prisão. Seus restos mortais se encontram na divisão três, no cemitério de Père Lachaise, em Paris.

Johann Kaspar Hechtel nasceu no dia 1 de maio de 1771 em Nuremberga, Baviera, Alemanha. Faleceu em 20 de dezembro de 1799 na mesma cidade, vítima de uma epidemia de varíola. No ano de 1798-1799, o empresário Johann Kaspar Hechtel, criador de jogos sociais, cria, na cidade de Nuremberga, um baralho chamado

Das Spiel der Hoffnung (O Jogo da Esperança), uma espécie de jogo de tabuleiro que serviria, anos depois, de protótipo para o baralho Petit Lenormand.

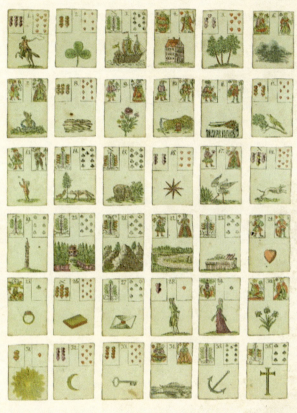

Das Spiel der Hofnung (o Jogo da Esperança) Nürnberg – GPJ Bielin

Em 1846, é publicado um baralho com o nome "Wahrsagerin, die, M.lle Lenormand. Erklärung des Kartenspiels d. berühmten Wahrsagerin M.lle Lenormand in Paris" — Jogo de cartas de adivinhação da famosa cartomante M.lle Lenormand de Paris —, inspirado no Das Spiel der Hoffnung, O Jogo da Esperança. Do baralho protótipo do Petit Lenormand foram retirados os naipes alemães e mantidos os franceses, com o objetivo de aumentar a credibilidade de que o baralho teve origem francesa e foi criado por M.lle Lenormand. A partir dessa data, todos os baralhos publicados em diversos países sob o nome de M.lle Lenormand apresentam o naipe francês.

Em 1846, é publicado o primeiro folheto de instruções que acompanha o baralho, com orientações para uso prático e imediato. O material é de autoria de Philippe, que se autointitula sobrinho e herdeiro de M.lle Lenormand. Obviamente, Philippe é um nome fictício com finalidade comercial.

Introdução ao baralho Petit Lenormand

O baralho é constituído de 36 cartas dos seguintes elementos: seres humanos (O Cavaleiro, A Criança, O Homem e A Mulher), animais (A Raposa, O Urso, O Cão e Os Ratos), aves (Os Pássaros e A Cegonha), réptil (A Serpente), animal aquático (Os Peixes), natureza (O Trevo, A Árvore, As Nuvens, O Ramo de Flores, O Parque e Os Lírios), corpos celestes (As Estrelas, O Sol e A Lua), órgão (O Coração), construções (A Casa e A Torre), localidades

(A Montanha e Os Caminhos), meio de transporte (O Navio) e objetos diversos (O Caixão, A Foice, A Vassoura e O Chicote, O Anel, O Livro, A Carta, A Chave, A Âncora e A Cruz). Todos os símbolos fazem parte do nosso cotidiano.

Os Naipes: As 36 cartas estão divididas em quatro grupos ou naipes. Cada naipe contém nove cartas: Rei, Rainha, Valete, Ás, 6, 7, 8, 9 e 10. Os naipes apresentados nas cartas não devem ser interpretados de acordo com a escola francesa. Os significados dos naipes que apresentam as 36 cartas do nosso baralho correspondem à cartomancia tradicional alemã (provavelmente o baralho Schafkopf Tarock bayerisches de 36 cartas, que é o mais popular na Baviera).

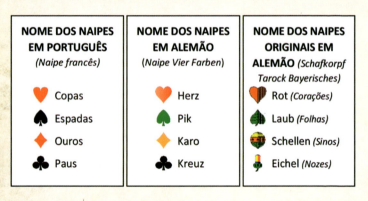

A energia dos quatro naipes:

 Naipe de corações: É positivo e representa as emoções, as paixões e os sentimentos.

 Naipe de folhas: É positivo e representa as esperanças, as viagens e as comunicações.

 Naipe de sinos: É positivo e negativo, e representa as questões financeiras, os ganhos e as despesas.

 Naipe de nozes: É negativo e representa os problemas, os aborrecimentos, os roubos, as doenças e as perdas.

Carta 1
O CAVALEIRO
9 de Corações

"O CAVALEIRO é uma mensagem de boa sorte se não circundado por cartas desfavoráveis. Traz boas informações, em que a pessoa pode esperar que venham da sua própria casa ou do estrangeiro; esta situação, contudo, pode não acontecer imediatamente, mas depois de algum tempo."

Philippe Lenormand, 1846

Ficha da carta

Polaridade (energia da carta): Neutra.

Função da carta em uma leitura: Indicar que algo se aproxima, se move com rapidez. É uma carta que traz ou leva algo. As cartas em contato com O Cavaleiro informarão sobre o assunto em questão.

Significado básico em geral: Algo a caminho (que chegará em breve). Transmissão de algo. Notícias (telegrama, entrega ou envio pelo correio). Aproximação, contato, encontro. Abordagem. Ação rápida, atividade, algo que começa se movimentar. Avanço, progresso, expansão. Seguir em frente. Impulso. Visita ou hóspede. Esporte. Treinamento. Meio de transporte pessoal (moto, scooter, bicicleta, carro). Pequeno deslocamento, viagem (nas redondezas ou no fim de semana).

Personalidade: Representa uma pessoa de aparência jovem, enérgica, sociável, dinâmica, ativa, ágil, corajosa e de personalidade forte.

Identificação: Pode ser um atleta, carteiro, fornecedor, mensageiro, mediador, visitante, pretendente, conhecido (às vezes, por internet), alguém prestes a entrar na vida do(a) consulente.

Relacionamento: Novos encontros ou contatos (por internet) que podem se transformar em um relacionamento intenso, mas de breve duração.

Sentimento: Indica alguém que não quer manter um relacionamento sério no momento.

Trabalho: Novas oportunidades ou chegada de novas tarefas profissionais. Reuniões, encontros, contatos profissionais. Deslocação de trabalho.

Profissão: Profissões que permitem a liberdade de ação ou que estão relacionadas à transmissão de informações.

Finanças: Chegada ou envio de notícias relacionadas a uma questão financeira.

Saúde: Novas informações sobre o estado de saúde. A carta recomenda a prática de exercícios físicos (permanecer ativo(a), movimentar-se).

Parte do corpo: Articulações. Pernas. Joelhos. Tornozelos.

Local: Na vizinhança. No ginásio, no estábulo. Em uma concessionária de carros ou motos.

Objeto: Acessórios para carros, motos, bicicletas e cavalos.

Tempo: Rápido, iminente, curto período, dentro de alguns dias. Algo a caminho.

Carta temática: Entregas, o que está chegando.

Código de leitura da carta O Cavaleiro

A carta posicionada **ATRÁS** do Cavalo (na cauda) indica:
- o que está chegando, se aproximando (evento, pessoa, novidade);
- de onde partiu;
- o que transporta;
- a razão do deslocamento.

A carta posicionada na **FRENTE** do Cavalo (no focinho) indica:
- o destino ou a localidade, para onde se dirige;
- o objetivo a ser alcançado (no que está focado, a sua prioridade);
- o efeito que o cavaleiro pode causar.

Algumas combinações

O Cavaleiro + O Trevo: Algo que surge inesperadamente no caminho do(a) consulente. Encontro casual. Aproveitar as oportunidades.

O Cavaleiro + A Casa: Visita domiciliar. Novidades ou notícias que chegam em casa. Informações sobre um imóvel ou uma propriedade.

O Cavaleiro + A Serpente: Abordagem indireta sobre uma questão. Interferência de uma terceira pessoa.

O Cavaleiro + O Caixão: Ação para finalizar algo. Último movimento ou deslocamento.

O Cavaleiro + O Ramo de Flores: Chegada de um convite ou visitante. Um pedido de desculpas.

O Cavaleiro + A Foice: Movimento ou notícia inesperada. Improviso. Algo que acontece em breve.

O Cavaleiro + A Vassoura e O Chicote: Está preparado(a) para enfrentar com vigor uma questão. Agir legalmente contra alguém. Discussões sobre uma novidade ou notícia (também pela aproximação de alguém).

O Cavaleiro + A Criança: Em busca de um recomeço.

O Cavaleiro + As Estrelas: Correr atrás dos seus objetivos.

O Cavaleiro + A Torre: Ação judicial. Retiro. Isolar-se.

O Cavaleiro + A Montanha: Aproxima-se um período de desafios e atrasos na execução das tarefas.

O Cavaleiro + O Rato: Movimento que traz prejuízo ou danos. Desinteresse rápido por algo. Danos no veículo.

O Cavaleiro + O Coração: Ir ao encontro de quem se ama. Ir em busca de um relacionamento sentimental. Expressar as próprias emoções ou sentimentos. Aperfeiçoar as próprias emoções.

O Cavaleiro + A Carta: Transmissão de informações. Envio pelo correio (eletrônico ou correspondência). Envio de papeladas.

O Cavaleiro + O Sol: Enviar Reiki. Novidades ou notícias que trazem felicidade. Recuperação da energia. Tarefas realizadas com entusiasmo.

O Cavaleiro + Os Peixes: Envio de dinheiro.

O Cavaleiro + A Âncora: Alguém com o controle da própria vida. Indo em busca de trabalho (ou de estabilidade). Delegar uma tarefa. Avanço profissional.

Carta 2
O TREVO
6 de Sinos

"O TREVO é também um prenúncio de uma boa notícia, mas se rodeado pelas nuvens indica uma grande dor. No entanto, se esta carta estiver próxima do n.º 29 ou n.º 28, a dor será de curta duração e em breve modifica-se para uma situação agradável."

Philippe Lenormand, 1846

Ficha da carta

Polaridade (energia da carta): Positiva.

Função da carta em uma leitura: Apresentar novas oportunidades que trarão estímulo, motivação e esperança à vida do(a) consulente. Às vezes, a presença da carta O Trevo em uma leitura indica os riscos que surgem em determinada situação.

Significado básico em geral: Sorte. Uma chance ou oportunidade. Aproveitar o momento. Pequena alegria, satisfação e felicidade. Circunstância favorável. Novos acontecimentos. Algo imprevisto. Coincidência. Eventos inesperados. Agradável surpresa. Feliz reviravolta. Sucesso ou recompensa modesta. Casualidade, acaso. Algo passageiro. Promoção. Vantagens. Regalias. Empurrão. Golpe de sorte (pequena). Ajuda inesperada. Expectativa. Esperança. Otimismo. Confiança. Simplicidade. Amuleto da sorte. Plantas, relva. Maconha.

Personalidade: Representa uma pessoa amigável, alegre, feliz, otimista, generosa e esperançosa.

Identificação: Um(a) jogador(a). Alguém com quem não se tem muito contato ou conhece casualmente, mas que será útil para o(a) consulente.

Relacionamento: Breve relação (flerte). Breves momentos de felicidade com a pessoa amada. Possibilidade de restaurar um relacionamento.

Sentimento: Simpatia.

Trabalho: Melhoria das condições profissionais. Um trabalho em regime de tempo parcial ou extra.

Profissão: Profissões relacionadas aos jogos de azar e ao mercado de ações.

Finanças: Entrada de uma quantia pequena. Oportunidade de ganhar um dinheiro extra. Ajuda inesperada (mesmo uma quantia pequena em dinheiro).

Saúde: Recuperação rápida ou doença de curta duração. Terapia ou tratamento que promove alívio temporário. Medicina alternativa (ervas, chás). Integradores.

Parte do corpo: Nenhuma correspondência.

Local: Onde se praticam jogos ou se vendem bilhetes de azar e amuletos. No campo.

Objeto: Talismã, bilhete de loteria.

Tempo: Em breve, curto prazo, eventos que acontecem rapidamente ou repentinamente.

Carta temática: Jogos de azar.

Algumas combinações

O Trevo + O Cavaleiro: A sorte está com o(a) consulente e isso lhe dá a oportunidade de seguir em frente.

O Trevo + A Casa: Fortuna que permanece por longo tempo. Melhorias inesperadas em casa. Sentir-se sortudo(a) com os vizinhos de casa. Amuleto para a casa.

O Trevo + As Nuvens: Oportunidade enganosa ou oculta. Indica felicidade nublada.

O Trevo + O Caixão: Sem chance ou oportunidade (perda de uma oportunidade ou esperança). Dívida no jogo.

O Trevo + O Ramo de Flores: Uma surpresa agradável, alegre. Pequenas coisas que trazem felicidade. Bônus. Premiação inesperada.

O Trevo + A Foice: Fortuna ou chance inesperada.

O Trevo + A Raposa: Uma oportunidade enganosa. Inimigo(a) ou pessoa que aproveita uma chance para atacar.

O Trevo + As Estrelas: Muita fortuna. Felicidade que vai durar muito tempo. A chance de ter êxito em algo.

O Trevo + A Torre: Aproveitar o tempo em proveito próprio. A chance de resolver algo com as autoridades. Fortuna única, isolada.

O Trevo + O Parque: Oportunidade de entrar em um grupo, uma comunidade ou um evento púbico.

O Trevo + O Anel: Uma nova chance para o relacionamento.

O Trevo + Os Peixes: Fortuna nos negócios. Encontrar maneiras de ganhar dinheiro. Um prêmio na loteria.

O Trevo + A Âncora: Oportunidades profissionais. Um longo período de fortuna.

Carta 3
O NAVIO
10 de Folhas

"O NAVIO, o símbolo do comércio, traduz uma grande riqueza, que será adquirida por comércio ou herança. Se próximo da pessoa, significa uma viagem próxima."

Philippe Lenormand, 1846

FICHA DA CARTA

Polaridade (energia da carta): Neutra.

Função da carta em uma leitura: Informar sobre uma viagem ou notícia relacionada aos negócios. Também indica a necessidade de se afastar de algo ou alguém.

Significado básico em geral: Comércio (importação e exportação). Negócios. Expedição. Herança. Movimento. Partida. Travessia. Ir ou estar longe. Viagem de longa distância. Outro país (no exterior) ou distante de casa. Acontecimento internacional ou que ocorre distante da própria casa. Distanciamento, afastamento. Ausência. Novos rumos ou direções. Novas perspectivas. Ampliação dos horizontes. Progresso, expansão. Outras culturas (crenças, línguas, sabores). Transição, transferência ou mudanças significativas. Saudade, nostalgia. Sonho. Desejo. Veículo público (trem, ônibus, barco). As coisas fluem lentamente.

Personalidade: Representa uma pessoa que gosta de viajar, de mente aberta, curiosa, que procura novos desafios e objetivos.

Identificação: Estrangeiro(a) ou que vive distante geograficamente do(a) consulente.

Relacionamento: Relacionamento à distância. A pessoa amada é de origem estrangeira ou cultura diferente. Às vezes, pode ser um afastamento, distanciamento ou falta de proximidade entre o casal. É possível que haja um longo período de separação em um relacionamento.

Sentimento: Indica que o(a) consulente ainda não está sentimentalmente ligado a alguém ou que, apesar de ter sentimentos, não se considera preparado(a) para se envolver de forma séria. Sente saudade, desejo por outra pessoa que ficou no passado.

Trabalho: Negócios e empreendimentos. Projetos profissionais em andamento, mas que estão longe de serem concluídos. Conexões comerciais.

Profissão: Profissões relacionadas à navegação, importação, exportação, compra e venda. Viagem a trabalho. Viagem de negócios.

Finanças: Herança. Dinheiro que vem de outro país (moeda estrangeira) ou distante.

Saúde: Doença de origem psicológica. Doença prolongada ou tratamento em um local distante.

Parte do corpo: Fígado. Rins. Baço. Pâncreas. Bexiga.

Local: Geograficamente distante da própria habitação ou cidade. Bazar. Território desconhecido. Lugares com água ou instalações hidráulicas.

Objeto: Equipamento náutico. Vasos, copos, baldes.

Tempo: Muito tempo, lento.

Carta temática: Viagem.

Código de leitura da carta O Navio

A carta posicionada **ATRÁS** do Navio indica:

- uma transição, mudança, partida;
- o navio se afasta, deixando para trás o assunto ou pessoa representada pela carta aqui posicionada.

A carta posicionada na **FRENTE** do Navio indica:

- a "rota" do navio e onde ele atracará (o seu destino);
- o que o navio encontrará (evento, acontecimento, pessoa);
- um sonho, uma lembrança ou saudade;
- o desejo da pessoa.

Algumas combinações

O Navio + A Casa: Desejo de uma vida estável. Retornar à casa. Desejo de uma casa própria. Criar uma base sólida na vida. Compra de uma propriedade (imóvel).

O Navio + A Árvore: Uma longa espera para realizar uma viagem ou concluir um assunto em andamento. Uma viagem monótona, tediosa. Viajar por razões de saúde. Estar afastado(a) por motivos de saúde. Tirar férias prolongadas.

O Navio + O Ramo de Flores: Viagem agradável. Uma reconciliação que não vai acontecer rapidamente. Desejo de ter uma companhia agradável.

O Navio + A Vassoura e O Chicote: Reclamações sobre uma viagem. Viagem que causa conflitos. Ferrovia.

O Navio + A Criança: Ir ao encontro de uma nova etapa na vida. Novas experiências. Percorrer uma via nova. Desejo de ter um filho ou iniciar algo. Nascimento de uma criança. Viagem curta.

O Navio + A Cegonha: Uma viagem ou um contato no exterior trarão grandes mudanças na vida do(a) consulente. Viagem de avião. Emigração. Mudança de planos.

O Navio + O Parque: Viagem de lazer, férias ou para participar de um evento. Comércio na internet.

O Navio + A Montanha: Adiamento ou atraso de uma viagem. Possíveis problemas durante uma viagem.

O Navio + Os Caminhos: Reconsiderar uma viagem ou um negócio. Proposta de uma viagem alternativa. Avaliar diversas opções de uma questão.

O Navio + O Anel: Desejo de comprometimento, de um relacionamento sério.

O Navio + Os Lírios: Negócios de família. Viajar durante o inverno. Viagem para encontrar a família. Distanciar-se para encontrar a paz e serenidade. Viagem por motivos sexuais. Algo que está sendo conduzido de forma harmônica e pacífica. Reconciliação.

O Navio + A Lua: Desejo de ser reconhecido(a). Alcançar lentamente a fama e o reconhecimento.

Carta 4

A CASA
Rei de Corações

"A CASA é um sinal garantido de sucesso e prosperidade em todas as áreas, e embora a posição atual da pessoa não seja favorável, o futuro será brilhante e feliz. Se a carta aparece no centro do jogo, sob a carta da pessoa, este é um indicativo para tomar cuidado com aqueles que o(a) rodeiam."

Philippe Lenormand, 1846

Ficha da carta

Polaridade (energia da carta): Neutra.

Função da carta em uma leitura: Trazer informações sobre assuntos domésticos, de um imóvel (propriedade, casa) e da vida pessoal do(a) consulente. Indicar também o espaço pessoal do(a) consulente onde se sente protegido(a) e confortável.

Significado básico em geral: Imóvel ou propriedade, a própria habitação (residência). Assuntos ou questões domésticas. Tarefas diárias. Ambiente íntimo. Tradição. Estabilidade. Base sólida. Condição estável. Segurança. Aconchego. Conforto. Proteção. Apoio. Privacidade (vida pessoal do(a) consulente), algo de pessoal. Íntimo (intimidade). Mundo interior. Algo habitual, regular. Rotina. Website. Planejamento a longo prazo. Algo permanente.

Personalidade: Representa uma pessoa forte, estável, madura, caseira, conservadora e sedentária.

Identificação: Um homem da família (Rei de Corações), alguém ligado à família ou conhecido (um vizinho da família, porteiro, proprietário, corretor). Identifica também um pequeno grupo de pessoas muito próximas ao consulente (por exemplo, pessoas com as quais mantém contato diariamente).

Relacionamento: Relação estável, não há nenhuma alteração nas condições atuais. Às vezes, anuncia que o consulente está pronto para um relacionamento estável e sério.

Sentimento: O consulente está seguro e certo dos seus sentimentos. Percebe que chegou o momento de se envolver seriamente com a pessoa amada.

Trabalho: Trabalho perto ou na própria habitação (também trabalho remoto, home office). Negócio próprio. Segurança e estabilidade no trabalho.

Profissão: Profissões relacionadas à construção civil, imobiliária e assistência doméstica.

Finanças: Situação financeira estável, pode indicar que o consulente é responsável pelo sustento da própria família.

Saúde: Reabilitação. É recomendado ter cuidado com o corpo e descansar. Tratamento com remédios tradicionais.

Parte do corpo: O próprio corpo.

Local: Onde se sinta seguro(a). Espaço pessoal. Muito próximo ao consulente. Em casa, no bairro, na comunidade ou aldeia.

Objeto: Utensílios domésticos, móveis. Material de construção.

Tempo: Longo período, lento, permanente.

Carta temática: A própria casa, assuntos domésticos e pessoais do(a) consulente.

Algumas combinações

A Casa + O Trevo: Moradia temporária.

A Casa + O Navio: Distanciamento dos assuntos ou tarefas domésticas. Mudança de casa. Venda de uma propriedade (imóvel).

A Casa + A Árvore: Casa própria. Casa da família ou casa onde o(a) consulente vai morar por muito tempo. Casa onde o(a) consulente reside há bastante tempo. Pátria. Patriotismo. Saúde estável.

A Casa + A Serpente: Relacionamento complicado em casa. Alguém na casa não está sendo honesto. Relações pessoais problemáticas. Problemas com a vizinhança. Problemas na canalização da casa ou uma casa cheia de problemas.

A Casa + O Caixão: Ausência de conforto. Finalização da construção de uma casa. Último dia em uma habitação. Uma casa com energia negativa. Uma habitação que causa adoecimento. Manter-se doente em casa.

A Casa + A Vassoura e O Chicote: Casa geminada.

A Casa + O Cão: Uma casa protegida. Coinquilino. Proteger a vida pessoal.

A Casa + O Parque: Página do Facebook, Instagram etc. Casa comercial (loja).

A Casa + A Montanha: Quarentena. Frustração. Permanecer preso(a) ou bloqueado(a) em um local. Estilo de vida recluso. Sedentarismo. Problemas ao comprar ou construir um imóvel. Coinquilino que não coopera. Vizinhos hostis.

A Casa + O Sol: Lar feliz. Uma casa ensolarada. Boas energias em casa. Vida pessoal feliz.

Carta 5

A ÁRVORE
7 de Corações

"Se distante da carta do(a) consulente, significa boa saúde. Várias árvores próximas não oferecem dúvida sobre a realização de que todos os seus desejos serão cumpridos e que você terá um belo futuro."

Philippe Lenormand, 1846

Ficha da carta

Polaridade (energia da carta): Neutra.

Função da carta em uma leitura: Trazer informações sobre a condição de vida e saúde.

Significado básico em geral: Saúde. Vitalidade. Algo que precisa de cuidados. Vida, estilo de vida. Árvore genealógica. DNA. Origens, raízes (da pessoa ou de um fato). O passado (coisas, pessoas ou eventos que estão relacionados ao passado). Antecedentes. Enraizado (criar raízes em algo ou em um lugar). Apego a algo (coisas ou pessoas). Profundo. Crescimento. Ramificação. Propagação. Estabilidade. Resistência. Constância. Resiliência. Maturidade. Estagnação (aparente). Paciência. Paz, calma, sossego, tranquilidade. Tédio, monotonia, preguiça. Eventos que demoram para acontecer. Duração. Árvores, plantas de grande dimensão.

Personalidade: Representa uma pessoa calma, tranquila, paciente, resiliente e madura, mas que tende a ser preguiçosa.

Identificação: Um(a) ambientalista ou pessoas que trabalham na área da saúde. Com a carta Os Lírios, por exemplo, representa alguém pertencente à família de origem.

Relacionamento: Uma relação bem enraizada, que sobreviveu e sobrevive a qualquer tempestade.

Sentimento: Sentimentos profundos e fortes.

Trabalho: Sem nenhuma alteração no atual estado profissional. Emprego fixo. Progresso lento, mas seguro dos projetos.

Profissão: Profissões relacionadas à saúde, madeira e natureza.

Finanças: Renda estável. Poupança.

Saúde: As cartas vizinhas darão informações sobre o estado de saúde. Doença hereditária.

Parte do corpo: Esqueleto. Vias respiratórias.

Local: Onde se guarda a lenha ou madeira. No hospital, no bosque, na floresta. A pátria.

Objeto: Esculturas de madeira, móveis.

Tempo: Algo que leva tempo para acontecer (lento, mas constante). Permanecer por longo tempo.

Carta temática: Saúde.

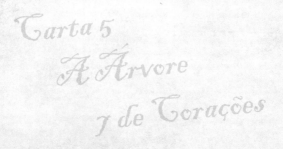

Carta 5
A Árvore
7 de Corações

Código de leitura da carta A Árvore

A carta posicionada **ANTES** da Árvore indica:
- pessoal de saúde;
- estado de saúde;
- exames médicos.

A carta posicionada **DEPOIS** da Árvore indica:
- tipo de doença;
- cuidados, tratamento;
- superar ou não uma doença;
- unidade de saúde.

Algumas combinações

A Árvore + A Casa: Crescimento pessoal. Laços profundos com uma casa.

A Árvore + A Serpente: Uma vida complicada. Graves complicações de saúde. Medicamentos.

A Árvore + O Caixão: Esgotamento, cansaço, depressão. Doença grave. Uma existência vazia ou sem sentido. Fim de vida. Perda de um membro da família. Algo que não cresce ou se fortalece.

A Árvore + A Criança: Um novo começo na vida. Fase inicial de um tratamento. Parente mais novo.

A Árvore + As Estrelas: Uma vida dedicada ao mundo esotérico.

A Árvore + A Cegonha: Mudança de estilo de vida. Alteração do estado de saúde.

A Árvore + A Torre: Sentir-se sozinho(a) na vida. Vida longa.

A Árvore + Os Caminhos: Uma decisão aguardada há muito tempo. Uma decisão que terá consequências para o resto da vida. Decisão sobre a saúde. Procurar tratamentos alternativos.

A Árvore + O Rato: Vida insignificante. Negligência com a própria saúde. Doença. Infecção. Sistema imunológico fraco.

A Árvore + O Anel: Doença que ressurge.

A Árvore + O Livro: Origem desconhecida. Vida secreta (por exemplo, uma vida dupla). Uma vida com segredos (fatos que são desconhecidos). Uma doença ou diagnóstico desconhecido. Manter o próprio estado de saúde em sigilo.

A Árvore + Os Lírios: Origens nobres. Velhos assuntos familiares.

A Árvore + O Sol: Boa saúde. Vitalidade. Fertilidade. Alegria de viver. Sucesso merecido.

Carta 6

AS NUVENS
Rei de Nozes

"Se o lado claro das NUVENS é direcionado para a carta da pessoa, a previsão é positiva, mas com o lado enegrecido na direção da pessoa, algo desagradável irá acontecer em breve."

Philippe Lenormand, 1846

Ficha da carta

Polaridade (energia da carta): Negativa.

Função da carta em uma leitura: Trazer pessoas ou situações confusas à vida do(a) consulente.

Significado básico em geral: Eventos desagradáveis (atribulações, aborrecimentos). Pequenos problemas ou preocupações. Dificuldades. Contratempos. Pequenos atrasos. Interferência. Ameaça. Ofuscamento. Imprecisão. Situação não clara. Falta de clareza sobre os acontecimentos. Ambiguidade. Contradição. Mal-entendido. Equívocos. Indecisão. Incertezas. Confusão mental. Distorção da realidade. Não confiável. Crise. Tensão. Desconforto. Imprevisibilidade. Inconsistência. Tempestade de emoções negativas (por exemplo, medo, tristeza, irritação, explosão de raiva, ressentimento, ansiedade, melancolia etc.). Desapontamento. Decepção. Tormento. Incômodo. Inconveniência. Algo escondido. Encobrir algo. Alguns elementos inexplicáveis em uma questão. Atmosfera negativa. Impermanência. Mutável. Poluição. Substâncias químicas. Intoxicação.

Personalidade: Representa uma pessoa pouco serena, perturbada, mal-humorada, sinistra, bipolar, desequilibrada, contraditória, problemática, indecisa ou que pode estar sob o efeito de álcool, droga ou medicamento.

Identificação: Uma pessoa do passado (ex-marido, ex-colega etc.), padrasto ou alguém que interfere na vida do(a) consulente, causando caos e confusão.

Relacionamento: Relacionamento cheio de discórdias, incompreensões, incertezas, ressentimentos. Possível traição ou o(a) parceiro(a) esconde algo.

Sentimento: Sentimentos confusos. Medo. O(A) consulente ou a outra pessoa não sabe o que sente. Decepção por ter sido enganado(a).

Trabalho: Insegurança, instabilidade, inconstância nas tarefas ou problemas profissionais.

Profissão: Profissões relacionadas aos produtos químicos (gás), farmacêuticos e às indústrias.

Finanças: Situação financeira pouco clara. Atraso no recebimento de dinheiro. Mal-entendidos ou discussões por razões financeiras.

Saúde: Problema respiratório. Asma. Inchaço. Hematomas. Mal-estar. Náusea. Instabilidade emocional ou psicológica. Risco de infecção transmitida pelo ar.

Parte do corpo: Pulmões. Sistema nervoso.

Local: Áreas úmidas, industriais ou de fumantes.

Objeto: Incenso. Vaporizador. Sombrinha.

Tempo: Incerto. Atrasado. Alguns dias. Por pouco tempo.

Estação do ano: Outono.

Clima e temperatura: Tempo instável. Mau tempo, ofuscado. Nevoeiro.

Código de leitura da carta As Nuvens

Carta posicionada do LADO ESCURO das Nuvens

Carta posicionada do LADO CLARO das Nuvens

A carta posicionada do LADO ESCURO das Nuvens indica:
- o que está oculto ou escondido;
- uma ameaça;
- o que causa medo, tensão, confusão ou problemas.

A carta posicionada do LADO CLARO das Nuvens indica:
- que aos poucos, as coisas começarão a melhorar (dependendo da carta aqui posicionada);
- o que irá melhorar ou ficar mais claro;
- dificuldades e desafios menos importantes.

Algumas combinações *(lado das nuvens claras)*

As Nuvens + O Cavaleiro: Apesar do medo, o(a) consulente segue em frente. Uma questão é solucionada lentamente. Deixar ou afastar-se de uma área ou questão tensa.

As Nuvens + A Casa: Aos poucos, as situações começam a ser esclarecidas no ambiente doméstico.

As Nuvens + O Caixão: Lentamente, o(a) consulente compreende que deve encerrar uma questão que causa crises ou tensões. Sentir-se exausto(a) depois de várias situações difíceis. Tensões que impactam na saúde do(a) consulente.

As Nuvens + A Serpente: A identidade de uma inimiga será revelada gradualmente.

As Nuvens + A Vassoura e O Chicote: Uma situação ou questão será elucidada através de um confronto.

As Nuvens + A Criança: Pequena melhoria.

As Nuvens + A Torre: O(A) consulente sente-se confortável em sua própria solidão.

As Nuvens + Os Caminhos: A compreensão de uma questão permite escolher com clareza entre diversas opções ou alternativas em uma questão.

As Nuvens + O Anel: Após um momento de tensão, as partes envolvidas chegam a um acordo. Crises frequentes.

As Nuvens + A Carta: Algo que será esclarecido por escrito.

As Nuvens + O Sol: Ambiguidades que não trarão consequências negativas para o(a) consulente.

As Nuvens + Os Lírios: Aos poucos, se chega a uma reconciliação. O(A) consulente tem plena consciência da sua orientação sexual.

As Nuvens + Os Peixes: Questões financeiras que estão melhorando ou sendo esclarecidas.

Carta 7
A SERPENTE
Rainha de Nozes

"A SERPENTE é uma indicadora de infortúnio, cuja extensão depende da maior ou menor distância da carta da pessoa. Ela traduz, invariavelmente, engano, infidelidade e problemas."

Philippe Lenormand, 1846

Ficha da carta

Polaridade (energia da carta): Negativa.

Função da carta em uma leitura: Indicar a presença de uma situação potencialmente perigosa.

Significado básico em geral: O mal. Pecado. Ameaça. Perigo. Traição. Mentiras (uma grande mentira). Desvio. Contornar. Destreza. Agilidade. Manipulação. Séria complicação a uma questão. Algo que se arrasta. Inveja. Ciúme. Vingança. Calúnia. Hipocrisia. Instigação. Conspiração. Inteligência. Tentação. Sedução. Adulação. Energia sexual. Erotismo. Forças ocultas. Ocultismo. Bruxaria.

Personalidade: Representa alguém tentando interferir ou prejudicar. Uma pessoa maldosa, sem escrúpulos, traiçoeira, venenosa e perigosa, mas também sábia, diplomática e muito inteligente.

Identificação: Concorrente, inimigo(a) oculto(a), amante, rival, vilão(ã), uma mulher do passado (ex-namorada, mulher, colega etc.), feiticeira.

Relacionamento: Relacionamento complexo, relação extraconjugal, mas também paixão e atração física (relacionamento sem amor).

Sentimento: Fingir um sentimento para manipular e conseguir o que deseja. Inveja e ciúme excessivo. Seduzir para ter alguém em todos os sentidos.

Trabalho: Ambiente profissional complexo, sérios problemas relacionados ao trabalho ou colegas desonestos.

Profissão: Profissões relacionadas à farmácia e ao esoterismo.

Finanças: Complicações financeiras. Desvio de dinheiro.

Saúde: Risco de envenenamento (medicamento). Tratamento com veneno (quimioterapia). Em caso de doença, indica o agravamento do quadro clínico. Produtos farmacêuticos.

Parte do corpo: Intestino (trato intestinal). Cólon.

Local: Onde estão tubos, mangueiras, canos, fios, esgotos.

Objeto: Objetos com produtos venenosos. Cordas, fios, tubos.

Tempo: Atraso. Algo que se arrasta por longo tempo.

Carta temática: Inimigos, Rivais.

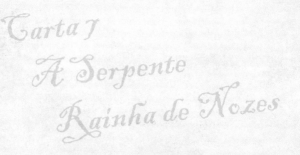

Código de leitura da carta A Serpente

Carta posicionada na DIREÇÃO DA CABEÇA da Serpente

Carta posicionada na CAUDA da Serpente

A carta posicionada na **direção da cabeça** da Serpente indica:

- a área onde irá atacar;
- que a área da vida ou pessoa aqui representada está em perigo.

A carta posicionada na **cauda** da Serpente indica:

- o que esconde;
- suas verdadeiras intenções.

Algumas combinações

A Serpente + A Casa: Mulher inimiga próxima ao consulente. Inimiga ou traidora em casa.

A Serpente + O Caixão: Eliminação de uma grande inimiga ou problema. Derrota de inimigas ou rivais. Viúva. Uma rival doente.

A Serpente + A Foice: Traição inesperada. Ataque repentino.

A Serpente + A Raposa: Mulher esperta, sorrateira.

A Serpente + O Urso: Inimiga temível, poderosa.

A Serpente + As Estrelas: Astróloga, vidente, curandeira. O objetivo de uma rival é arrastar um problema por longo tempo.

A Serpente + A Torre: Uma rival se retira. Uma mulher que interfere para causar uma separação.

A Serpente + O Parque: A inimiga não está só, um grupo está tramando contra o(a) consulente.

A Serpente + O Anel: Traições constantes. Uma mulher que interfere em uma união. Problemas que ressurgem. Sucessivas complicações numa questão. Uma inimiga ou rival que o(a) consulente não conhece ou não sabe que existe.

A Serpente + O Livro: Amante. Segredos desagradáveis. Vingança que está sendo preparada silenciosamente.

A Serpente + Os Peixes: Sexo em troca de dinheiro. Dinheiro que chega de forma indireta.

A Serpente + A Cruz: Complicações que aumentam.

Carta 8
O CAIXÃO
9 de Sinos

"O CAIXÃO, quando muito próximo da carta da pessoa, significa, sem a menor dúvida, doenças graves, morte ou uma ausência total de sorte. Mais afastada da pessoa, a carta oferece menos perigo."

Philippe Lenormand, 1846

Ficha da carta

Polaridade (energia da carta): Negativa.

Função da carta em uma leitura: Anunciar perdas significativas. Situações difíceis e fatais.

Significado básico em geral: Perda significativa. Morte. Luto. Fim de algo. Algo que termina naturalmente. Conclusão. Separação. Divórcio. Viuvez. Desapego. Coisas velhas. O passado. Doença. Negatividade. Desânimo. Profunda tristeza ou dor. Infelicidade. Lágrimas. Desespero. Negação.

Personalidade: Representa uma pessoa melancólica, deprimida, pessimista e negativa.

Identificação: Uma pessoa do passado, doente, falecida, desaparecida. Cadáver, viúvo(a), órfão(ã).

Relacionamento: Estagnação ou fim de um relacionamento, divórcio, separação. Às vezes, representa um amor do passado.

Sentimento: Sentimentos não correspondidos.

Trabalho: Perda, falência, mas também um novo início completamente diferente. Conclusão ou término de um trabalho, atividade ou contrato. Doença que impede de trabalhar. Aposentadoria ou desemprego.

Profissão: Profissões relacionadas à morte.

Finanças: Nenhuma entrada de dinheiro. Pobreza ou falência financeira.

Saúde: Doença (difícil de ser tratada). Dores de cabeça. Esgotamento ou exaustão psíquica, emocional.

Parte do corpo: Reto. Ânus.

Local: Subterrâneos, fossas, buracos, cemitérios. Locais escuros, fechados ou estreitos. Casas e localidades abandonadas ou infestadas de fantasmas.

Objeto: Recipientes, caixas, cama, baú. Itens que pertenciam às pessoas falecidas.

Tempo: Longo tempo, para sempre.

Estação do ano: Fim de uma estação.

Parte do dia: Crepúsculo.

Clima e temperatura: Frio.

Carta temática: Doença.

Código de leitura da carta O Caixão

A carta posicionada ANTES do Caixão indica:
- o fim ou a conclusão definitiva de uma questão ou evento.

A carta posicionada DEPOIS do Caixão indica:
- a superação ou não de um momento difícil;
- como a pessoa lida com os finais ou perdas.

Algumas combinações

O Caixão + O Cavaleiro: Prestes a terminar.

O Caixão + O Trevo: Alívio após terminar algo. Sorte ou uma chance que surge após um fim ou uma perda. Um breve período de doença. Uma pequena pausa (descanso).

O Caixão + A Árvore: Uma situação doentia. Profundamente triste, deprimido(a).

O Caixão + A Foice: Uma surpresa desagradável. Um fim que surge inesperadamente (para o bem ou mal). Doença repentina. Um evento traumático.

O Caixão + A Vassoura e O Chicote: Desacordos do passado. Doença grave. Luta para superar uma fase difícil da vida.

O Caixão + A Criança: Iniciar mesmo carregando uma dor. Novo começo após uma fase difícil da vida. Nascimento de uma criança ou de algo importante para o(a) consulente. Início de uma nova fase da vida.

O Caixão + As Estrelas: Numerosas falências.

O Caixão + A Cegonha: Mudança radical.

O Caixão + A Torre: Antigas maneiras de enxergar uma situação. Carregar uma dor internamente. Doença que requer um período de isolamento (quarentena). Abstinência. Solidão. Separação.

O Caixão + A Montanha: Dificuldade em deixar para trás o que já terminou. Imobilidade.

O Caixão + O Livro: Segredos do passado. Uma doença mantida em segredo ou que ainda não foi identificada.

O Caixão + O Sol: Fatos e eventos do passado que são relevantes. Recuperação.

O Caixão + A Âncora: Um segredo que não tem fim. Preso no passado. Doença crônica. Uma doença controlada.

Carta 9

O RAMO DE FLORES

Rainha de Folhas

"O RAMO DE FLORES é um indicador de felicidade em todos os aspectos da vida do(a) consulente."

Philippe Lenormand, 1846

Ficha da carta

Polaridade (energia da carta): Positiva.

Função da carta em uma leitura: Anunciar eventos felizes e alegres na vida do(a) consulente.

Significado básico em geral: Algo agradável. Felicidade. Alegria. Satisfação. Contentamento. Melhoria. Surpresa. Presentes (receber ou oferecer). Dom. Convite. Visita. Encontro. Pequeno sucesso. Recompensa merecida. Promoção. Gesto carinhoso (por exemplo, oferecer ou receber ajuda, apoio de alguém). Demonstração (afeto, carinho, ternura, interesse). Apreciação. Admiração. Boas maneiras. Gentileza. Cortesia. Formalidade. Simpatia. Agradecimento. Tentativa de reconciliação. Elogio. Prêmio. Celebração (festa). Comemoração. Beleza. Charme. Elegância. Prazer. Trégua. Passatempo. Criatividade. Hobby. Flores.

Personalidade: Representa uma pessoa simpática, amável, cortês, gentil, carinhosa, meiga, encantadora, sensível, charmosa e elegante.

Identificação: Filha, irmã, namorada, visita, convidada, uma pretendente. Uma mulher benévola para o(a) consulente.

Relacionamento: Namoricos. Tentativa de reconciliação.

Sentimento: Sente-se atraído(a) por alguém ou é cortejado(a).

Trabalho: Trabalho criativo, novas perspectivas, convite para participar de um projeto, gratificação merecida.

Profissão: Profissões relacionadas à beleza, moda, decoração, botânica e ao artesanato.

Finanças: Melhoria financeira. Presente em dinheiro.

Saúde: Alergia. Herpes. Medicina alternativa (hemoterapia, naturoterapia). Se houver doença, há uma melhora.

Parte do corpo: Rosto. Cabelos.

Local: Salão de beleza, perfumaria, floricultura, ervanário.

Objeto: Ornamentos, enfeites, presentes.

Tempo: Rápido, em breve.

Estação do ano: Primavera.

Algumas combinações

O Ramo de Flores + O Navio: Oferta de apoio vindo do exterior. Ganhar uma viagem.

O Ramo de Flores + O Caixão: Ausência de felicidade. Convite cancelado. Visitar uma mulher doente.

O Ramo de Flores + A Foice: Presente ou convite inesperado (de última hora).

O Ramo de Flores + Os Pássaros: Dois presentes, convites ou namorados.

O Ramo de Flores + As Estrelas: Pessoa esteticamente bonita.

O Ramo de Flores + A Cegonha: A data de uma celebração será alterada. Mudar a própria aparência.

O Ramo de Flores + O Parque: Ser apreciado(a) pelos fãs, público. Vaidade. Convite para um evento. Celebração pública. Ser atencioso(a) com os outros. Disponibilidade para encontrar outras pessoas. Vários flertes.

O Ramo de Flores + A Montanha: Atraso devido a uma mulher. Uma mulher que está bloqueada ou impõe limites. Celebração adiada. Uma oferta rejeitada. Não receber o convite tão esperado. Decepção. Criatividade bloqueada. Incapacidade de agir gentilmente.

O Ramo de Flores + O Rato: Depreciação. Uma oferta ou presente insignificante. Infelicidade.

O Ramo de Flores + O Anel: Celebrar um acordo ou contrato.

O Ramo de Flores + O Livro: Admirador(a) secreto(a). Não compartilhar a felicidade com os outros. Manter um convite ou presente em sigilo.

O Ramo de Flores + A Carta: Um convite escrito. Receber uma encomenda. Enviar um convite ou presente.

O Ramo de Flores + A Lua: Receber um prêmio ou reconhecimento por algo. A aparência é muito importante para o(a) consulente.

O Ramo de Flores + Os Peixes: Prêmio em dinheiro. Um presente caro. Uma contribuição ou apoio financeiro. Flerte.

O Ramo de Flores + A Âncora: Manter as aparências. Mostrar simpatia, gentileza com colegas de trabalho.

Carta 10

A FOICE
Valete de Sinos

"A FOICE indica um grande perigo, que só é evitado quando cartas positivas estão próximas."

Philippe Lenormand, 1846

Ficha da carta

Polaridade (energia da carta): Negativa.

Função da carta em uma leitura: Anunciar um acontecimento chocante e apontar os perigos existentes na vida do(a) consulente.

Significado básico em geral: Perigo. Ameaça. Corte radical. Divisão. Rescisão. Remoção. Ruptura. Separação. Interrupção forçada. Cancelamento. Parar algo. Dor. Choque. Terror. Crime. Agressão. Colheita. Algo que não se espera (para o bem ou mal, dependendo da carta que estiver na sua frente). Decisão irrevogável. Liberação.

Personalidade: Representa uma pessoa decidida, fria e autoritária. Às vezes, agressiva e imprevisível.

Identificação: Rival, agricultor(a), cirurgião(ã), dentista, fazendeiro(a), cabeleireiro(a), alfaiate, costureira, vítima de um acidente ou da guerra.

Relacionamento: Risco de rompimento da relação. Possível violência no relacionamento.

Sentimento: Quando a carta se refere aos sentimentos, indica que a pessoa tem urgência em romper com alguém que a afeta ou não é benéfico(a) para a sua segurança emocional.

Trabalho: Fim de um contrato ou interrupção de um projeto profissional, incidente no trabalho.

Profissão: Profissões relacionadas aos instrumentos cortantes, às armas e à agricultura.

Finanças: Corte de um rendimento seguro, riscos financeiros (Atenção!).

Saúde: Lesão, risco de ferimento, fratura dos ossos, cortes, emergência médica, cirurgia, uma doença repentina.

Parte do corpo: Unhas.

Local: Terrenos arados, local onde se guardam os instrumentos de agricultura ou jardinagem e sala de emergência do hospital.

Objeto: Objetos metálicos, afiados ou cortantes, armas, objetos partidos.

Tempo: De repente, de súbito, de imediato.

Estação do ano: Outono, época de colheita (uva etc.).

Código de leitura da carta A Foice

A carta posicionada no **CABO** da Foice indica:
- eventos, acontecimentos que se apresentam inesperadamente, repentinamente. Poderão ser positivos ou negativos, dependendo da carta aqui posicionada.

A carta posicionada na **PONTA DA LÂMINA** da Foice indica:
- o que está em perigo;
- onde vai receber um corte, rompimento.

Algumas combinações

A Foice + O Cavaleiro: Cirurgia no joelho.

A Foice + A Serpente: Vitória contra um(a) rival. Desmascarar um(a) traidor(a) ou uma conspiração.

A Foice + O Caixão: Romper com velhos padrões. Um fim que não ocorrerá.

A Foice + A Vassoura e O Chicote: Resolução de conflitos. Retirar militares de territórios de conflito.

A Foice + Os Pássaros: Cortar a fala de alguém.

A Foice + A Montanha: Remoção de um obstáculo. Eliminação de um(a) inimigo(a).

A Foice + O Coração: Tirar sangue. Decepção profunda. Amor ferido. Sentimentos frios.

A Foice + O Anel: Quebra de contrato. Interrupção de contrato. Romper laços com alguém ou algo (pessoa, vício, dependência ou situação).

A Foice + A Carta: Sem resposta a um comunicado. Receber uma ameaça ou ataque por escrito.

A Foice + Os Lírios: Romper com a família. Perigo na família. Violação sexual (estupro).

A Foice + Os Peixes: Vacina. Sem água. Interrupção inesperada de uma renda (penhora do salário ou de um bem). Risco financeiro. Parar de beber.

A Foice + A Cruz: Libertação da dor ou de um fardo.

Carta 11
A VASSOURA E O CHICOTE
Valete de Nozes

"O CHICOTE indica discórdias em família, aflições na vida doméstica, ausência de harmonia entre pessoas casadas. Indica também febre e doença prolongada."

Philippe Lenormand, 1846

Ficha da carta

Polaridade (energia da carta): Negativa.

Função da carta em uma leitura: Informar em qual área da vida haverá conflitos e como o(a) consulente lidará com essa situação.

Significado básico em geral: Polêmica. Conflito. Discórdia. Discussão. Disputa. Controvérsia. Desentendimento. Desarmonia. Confronto. Diferença de opinião. Observações. Cobranças. Repreensão. Reclamação. Não tolerante. Contrastar. Oposição. Objeção. Acusação. Impugnação. Contestação. Apelação. Aviso. Advertência. Uma sanção (multa). Querela. Crítica. Recriminação. Julgamento severo. Imposição. Medida corretiva. Punição. Castigo. Autoridade. Aplicação da lei. Questões legais (caso judicial). Dar ordens. Disciplina (algo que requer disciplina). Pressão. Tensão. Raiva. Abuso. Agressão. Espancamento. Rebelião. Defender-se com determinação. Negociações. Troca de opiniões. Discordância. Algo que deve ser refeito várias vezes. Repetitivo. Esforço. Luta. Batalha. Esporte. Atividade física. Magia. Dois de algo. Ações repetitivas.

Personalidade: Representa uma pessoa polêmica, agressiva, dominadora, autoritária e prepotente.

Identificação: Autoridade da lei (polícia, advogado), mas também alguém que deve se defender de uma injustiça. Acusado (réu) ou acusador, militar, ativista, agressor. Um jovem adversário ou colaborador da justiça.

Relacionamento: Conflito no relacionamento. Provável abuso no relacionamento.

Sentimento: Conflito de sentimentos. O(A) consulente luta constantemente para se defender de um(a) parceiro(a) abusivo(a).

Trabalho: Dois empregos. Ambiente profissional competitivo. Desentendimento com os colegas de trabalho ou parceiros de negócios.

Profissão: Profissões relacionadas à limpeza ou justiça.

Finanças: Repetidas discussões por questões econômicas.

Saúde: Febre. Tosse. Cólicas. Cãibras. Lesão. Nervos. Problemas na fala. Doença prolongada ou crônica.

Parte do corpo: Músculos. Tendões.

Local: Onde se praticam esportes. Reformatórios. Tribunais ou delegacia de polícia. Zona de conflito (guerra).

Objeto: Armas pequenas. Vassoura. Esfregão. Pincéis. Pêndulo. Equipamento de esporte ou sexual.

Tempo: Muito veloz. Duplica o tempo da carta vizinha.

Carta temática: Magia.

Algumas combinações

A Vassoura e O Chicote + O Navio: Conflito internacional ou com uma pessoa estrangeira. Evitando conflitos. Afastar-se das discussões ou de uma área de conflito. Distanciar-se de um jovem agressor. Conflitos étnicos.

A Vassoura e O Chicote + A Casa: Disputas que envolvem imóveis ou vizinhos. Abusos em casa. Desentendimento relacionado a assuntos domésticos. Conflitos internos (pessoais). Discussões com vizinhos. Ataque ou protesto na própria comunidade ou bairro.

A Vassoura e O Chicote + A Serpente: Complicações judiciais. Batalha aberta contra uma rival. Rival que rebate uma decisão judicial. Negociar com uma mulher desagradável. Vingança. Um conflito previamente planejado. Litígios devido a uma traição ou infidelidade.

A Vassoura e O Chicote + O Caixão: Resolução dos conflitos. Encerrar um conflito. Finalização de um processo judicial.

A Vassoura e O Chicote + A Foice: Ato violento. Confronto sério.

A Vassoura e O Chicote + Os Pássaros: Abusos verbais. Muitas discussões. Litígios causados por fofocas. Negociação que provoca agitação.

A Vassoura e O Chicote + O Urso: Abuso de poder. Discussões com os pais ou o chefe. A resolução de algumas questões com uso da força.

A Vassoura e O Chicote + As Estrelas: Lutar pelos próprios objetivos. Uma questão será esclarecida através de um conflito ou discussão. Divergência que será resolvida com êxito. Um projeto contestado, criticado.

A Vassoura e O Chicote + A Torre: Disputa que poderá resultar em um processo judicial. Apelação na justiça. Conflitos com a autoridade. Lutar por uma posição de poder. Protesto contra o governo ou um ente das autoridades.

A Vassoura e O Chicote + A Montanha: Processo adiado ou conflitos com uma autoridade. Um confronto não resolverá um problema. Um conflito que poderá ser evitado a tempo. Um adversário forte.

A Vassoura e O Chicote + O Anel: Uma série de situações conflituosas. Litígios ou confrontos constantes (recorrentes). Insistência.

Recorrer constantemente em um processo judicial. Repreender um(a) colaborador(a) ou companheiro(a).

A Vassoura e O Chicote + O Livro: Escrever um livro. Abusos mantidos em segredo. Não se sabe a verdadeira motivação de um problema.

A Vassoura e O Chicote + O Sol: Febre alta. Antes do sucesso, é preciso enfrentar difíceis batalhas. Vitória legal.

A Vassoura e O Chicote + A Cruz: Julgamento. Ser condenado(a) duramente. Conflitos religiosos ou com um(a) religioso(a). Um confronto inevitável.

Carta 12
OS PÁSSAROS
7 de Sinos

"OS PÁSSAROS são indicadores de dificuldades a ultrapassar, mas de curta duração. Distantes do(a) consulente, revela a realização de uma viagem agradável."

Philippe Lenormand, 1846

Ficha da carta

Polaridade (energia da carta): Neutra.

Função da carta em uma leitura: Revelar distúrbios cotidianos na vida do(a) consulente e indicar conversas. As cartas que estão próximas indicam o tema em questão.

Significado básico em geral: Pequenos acontecimentos. Comunicação verbal (telefonemas, vídeo conferência, mensagem de vídeo, Youtube, Skype). Conversas. Troca de informações. Fofocas. Assuntos mundanos. Rumores sobre algo ou alguém. Preocupações. Contratempos e aborrecimentos (que passam rapidamente). Empolgação. Animação. Excitação. Agitação. Inquietação. Irritação. Estresse. Nervosismo. Reunião. Negociações. Entrevista. Vendas. Barulho, ruídos (gritos, vozes, assobio). Frenético. Reações rápidas. Pequenas mudanças. Viagens curtas. Duas coisas. Curto prazo.

Personalidade: Representa uma pessoa inquieta, agitada, ansiosa, nervosa e sempre preocupada, mas também faladora, aberta, sociável e trabalhadora.

Identificação: Pode indicar um casal de idosos, um pequeno grupo de pessoas, recepcionistas.

Relacionamento: Um relacionamento que vive pequenas agitações diárias. Flerte.

Sentimento: Sentimentos instáveis ou superficiais.

Trabalho: Trabalho em regime de tempo parcial. Turno. Dois empregos. Uma breve deslocação por motivo de trabalho. Pequenas mudanças no trabalho. Falatórios no ambiente profissional.

Profissão: Profissões relacionadas à transmissão de dados verbais.

Finanças: Estresse por razões econômicas, negociações.

Saúde: Doenças ou distúrbios provocados pelo estresse, nervosismo.

Parte do corpo: Cordas vocais.

Local: Área relacionada aos pássaros ou às galinhas. Onde se deposita o celular ou os aparelhos de registro. Loja de música ou de venda de celular, rádio etc.

Objeto: Microfones, rádios, telefones.

Tempo: Breve, rápido, temporário.

Carta temática: Comunicação verbal.

Algumas combinações

Os Pássaros + O Trevo: Conversa curta. Falar sobre oportunidades.

Os Pássaros + O Navio: Afastar-se dos falatórios. A pessoa não quer conversar. Telefonema proveniente de um local distante (exterior). Falar um idioma estrangeiro. Escândalo internacional. Excitação antes de uma viagem.

Os Pássaros + O Caixão: Perda dupla. Falar com os mortos. Colapso nervoso. Determinar um ponto final em uma conversa. Uma conversa que tem como objetivo estabelecer um fim. Optar por não falar (silêncio).

Os Pássaros + O Ramo de Flores: Duas mulheres. Conversa agradável. Telefonema ou telefonar para uma mulher.

Os Pássaros + A Vassoura e O Chicote: Conversa forçada. Expressar-se com uma voz agressiva, autoritária. Reclamar. Falar sem parar.

Os Pássaros + A Criança: Conversas descontraídas. Falar sobre um novo começo. Durante uma conversa, surge algo novo. Agitação por qualquer motivo ou por causa de um menor, irmãos. Fofocas inofensivas.

Os Pássaros + As Estrelas: Uma conversa com o objetivo de esclarecer dúvidas. Falar sobre planos, metas e espiritualidade.

Os Pássaros + A Cegonha: Mudança de assunto. Agitação e estresse durante uma mudança. Mudanças na vida cotidiana. Falar sobre uma viagem ou mudança. Pequenas alterações.

Os Pássaros + O Cão: Conversa amigável. Agitação por causa de um(a) amigo(a).

Os Pássaros + O Parque: Dois eventos. Falar em público (seminários, palestras). Muitas pessoas falando. Agitação em massa.

Os Pássaros + A Montanha: Pessoa impedida de falar. Uma conversa difícil.

Os Pássaros + O Rato: Falar sobre perdas. Conversas sem importância. Nenhuma ligação telefônica ou desinteresse sobre uma notícia.

Os Pássaros + O Anel: Dois relacionamentos. Um casal. Dois vínculos. Falar sobre o cônjuge ou algumas obrigações a serem cumpridas. Receber um telefonema informando sobre uma obrigação. Constantemente agitado(a), nervoso(a), estressado(a).

Os Pássaros + A Carta: Duas mensagens. Conversas superficiais. Agitação ou nervosismo ao enviar um e-mail. Registro de áudio (WhatsApp, Messenger etc.). Coletiva de imprensa.

Os Pássaros + A Lua: Falar da reputação de alguém.

Os Pássaros + A Cruz: Conversas que são um peso.

Carta 13

A CRIANÇA
Valete de Folhas

"A CRIANÇA significa que a pessoa se movimenta em um meio social agradável e sua total bondade é oferecida a todos."

Philippe Lenormand, 1846

Ficha da carta

Polaridade (energia da carta): Positiva.

Função da carta em uma leitura: Trazer informações sobre uma criança ou um novo começo (de uma ação, atitude etc.).

Significado básico em geral: Iniciação. Algo novo na vida (eventos, situações). Início. Um novo começo (criar algo, reconstruir a vida). Estágio. Novo impulso. Recomeçar. Algo em fase de formação. Os primeiros passos. Passo a passo. Evolução. Crescimento. Despreocupação. Leveza. Curiosidade. Ingenuidade. Imaturidade. Incapacidade. Credulidade. Inexperiência. Descuido. Vulnerabilidade. Coisas pequenas. Fertilidade. Criação. Infância. Jovialidade. Diversão. Empolgação. Falta de independência. Algo que acontece aos poucos.

Personalidade: Representa uma pessoa aberta, espontânea, curiosa, ingênua, frágil, brincalhona, caprichosa e imprudente.

Identificação: Representa um(a) jovem, uma criança que desempenha um papel importante na "leitura" (bebê, filho(a), aluno(a), criança).

Relacionamento: O amor que está se desenvolvendo ou nascendo. Início de um relacionamento.

Sentimento: Sentimentos ou emoções novas e verdadeiras.

Trabalho: Reinício profissional. Nova ocupação. Um projeto inicial. Nova técnica ou habilidade profissional. Novo local de trabalho. Falta de experiência. Trabalho realizado por hora.

Profissão: Profissões relacionadas às crianças e aos jovens.

Finanças: Pouco dinheiro. Pequena remuneração econômica. Inexperiência na gestão econômica.

Saúde: Doença infantil. Doença em fase inicial ou o início de recuperação em caso de enfermidade.

Parte do corpo: Nenhuma correspondência.

Local: Espaço destinado às crianças ou de pequena dimensão.

Objeto: Brinquedos (soldadinhos, Lego etc.).

Tempo: No futuro, nos primeiros dias da semana, na primeira semana do mês, nos primeiros meses do ano, curto espaço de tempo.

Hora do dia: Nas primeiras horas do dia.

Estação do ano: Início de uma estação do ano.

Carta temática: Filho(a) ou uma criança.

Algumas combinações

A Criança + Os Trevos: Novas oportunidades. O início é sortudo.

A Criança + O Navio: Gravidez. Uma criança ou jovem estrangeiro(a). Afastamento de um(a) jovem, de um(a) filho(a). Distanciamento de um(a) filho(a). Viajar pela primeira vez para um local distante ou outro país. Viagem com os filhos ou com menores de idade.

A Criança + A Árvore: O progresso de um projeto é lento, mas constante. Começo de uma nova vida. Infância.

A Criança + O Caixão: Nenhuma possibilidade de começar algo. Fim de um estágio. Recente luto. Uma criança doente. Uma criança falecida. Infertilidade. Não tem filhos.

A Criança + A Cegonha: Um(a) jovem ou criança que provoca mudanças na vida do(a) consulente. Início de algo que produz uma mudança.

A Criança + O Cão: Uma criança ou jovem obediente. Uma nova amizade. Um(a) novo(a) ajudante ou assistente.

A Criança + A Torre: Uma criança ou um(a) jovem sentindo-se isolado(a), sozinho(a). Único(a) filho(a).

A Criança + O Parque: Aluno(a). Círculo de amizades do(a) filho(a). Nova comunidade. Novo círculo de amigos. Novas publicações.

A Criança + Os Caminhos: Novos eventos ou situações que precisam de uma tomada de decisão. Uma decisão sobre um novo começo. Decidir sobre uma criança. Uma decisão irresponsável.

A Criança + O Coração: Começar uma nova história de amor. Boa índole.

A Criança + O Anel: Nova conexão. Um(a) jovem nascido(a) de um casamento ou união. Filho(a) adotado(a). O início de uma nova etapa no relacionamento. Imaturidade no relacionamento. Parceiro(a) ingênuo(a).

A Criança + O Livro: Filho(a) ilegítimo(a). Uma criança fechada. Preparação para os exames. Aprendizagem. Novos conhecimentos. Novas provas devem ser investigadas. Novas técnicas. Início de um curso, formação ou escola. Novo nível de conhecimento. Estágio profissional.

A Criança + Os Lírios: Um(a) filho(a) sereno(a). Recomeçar com mais experiência. Primeiras experiências sexuais.

A Criança + Os Peixes: Nova fonte de renda. Desenvolvimento dos negócios.

A Criança + A Cruz: Uma criança, um(a) jovem sacrificado(a) ou que vive um momento extremamente difícil. Um recomeço que requer sacrifícios. Uma iniciativa muito dolorosa. Nova missão.

Carta 14

A RAPOSA
9 de Nozes

"A RAPOSA, se próxima do(a) consulente, é uma indicadora de desconfiança para com as pessoas com as quais você está conectado/a, porque algumas delas tentam enganá-lo(a); se distante, não há indicação de perigo."

Philippe Lenormand, 1846

Ficha da carta

Polaridade (energia da carta): Negativa.

Função da carta em uma leitura: Assinalar situações duvidosas.

Significado básico em geral: Erro. Roubo. Fraude. Falso. Algo não autêntico. cilada. Engano. Disfarce. Dissimulação. Artimanha. Trapaças. Rivalidade. Concorrente. Jogo duplo. Sabotagem. Promessas não mantidas. Hipocrisia. Desonestidade. Falsidade. Bajulação. Assédio. Habilidade. Astúcia. Tática. Esperteza. Destreza. Vigilância. Rastrear. Desconfiança. Suspeito. Decepção. Ilusão. Investigar. Flexibilidade. Diplomacia.

Personalidade: Representa uma pessoa com capacidade diplomática e de negociação, mas de caráter astuto, oportunista, sorrateiro e mentiroso.

Identificação: Inimigo(a) ou rival perigoso(a), um stalker (perseguidor(a), espião(ã), detetive, investigador(a), falsário(a), assediador(a), criminoso(a), assassino(a), engenheiro(a), vendedor(a), ator, atriz).

Relacionamento: Infidelidade. Traição. Possível relacionamento por interesse.

Sentimento: Não há confiança no(a) parceiro(a).

Trabalho: Emprego sem contrato ou autônomo, concorrência desleal, inimizades e intrigas no ambiente profissional.

Profissão: Profissões relacionadas aos produtos falsos ou crimes.

Finanças: Luta pela sobrevivência econômica. Fraude. Golpe financeiro ou más decisões financeiras.

Saúde: Diagnóstico ou tratamento errado. A carta indica a necessidade de uma segunda opinião com um especialista.

Parte do corpo: Orelhas. Nariz.

Local: Zona de caça.

Objeto: Bijuterias. Objetos postiços (dentes, cabelos).

Tempo: Não é o momento certo. Data ou horário incorreto.

Hora do dia: Hora errada.

Código de leitura da carta A Raposa

Carta posicionada ATRÁS da Raposa

Carta posicionada na FRENTE da Raposa

A carta posicionada **ATRÁS** da Raposa indica:
- o que esconde;
- o que não está sendo dito ou mostrado.

A carta posicionada na **FRENTE** da Raposa indica:
- o que está errado;
- o que tem ou o que está sendo investigado;
- a mentira ou fraude;
- a área da vida onde a raposa irá atacar.

Algumas combinações

A Raposa + O Trevo: Pequena decepção ou mentira. Engano de curta duração.

A Raposa + O Navio: Fraude durante uma viagem.

A Raposa + A Árvore: Uma vida de mentiras. Mentir sobre o estado de saúde. Erro no diagnóstico médico. Erro médico.

A Raposa + O Caixão: Nenhuma mentira ou uma mentira termina. Mentiras sobre o próprio passado.

A Raposa + As Estrelas: Charlatão(ã). Previsão errada. Estrada, orientação errada.

A Raposa + O Cão: Abuso de confiança. Amizade errada. Uma amizade ou situação não confiável. Suspeitas sobre um(a) amigo(a). Traição de um(a) amigo(a). Manipular um(a) amigo(a).

A Raposa + A Torre: Subornos. Fraude da autoridade. Retirada estratégica. A investigação deve ser feita pelo governo ou pelas autoridades. O isolamento ou a separação não são adequados no momento.

A Raposa + O Parque: Mentir para muitas pessoas (também em público). Falsos amigos. Ser manipulado(a) por um grupo de pessoas. Ator ou atriz.

A Raposa + Os Caminhos: Decisão errada.

A Raposa + O Rato: Um grande golpe. Roubo.

A Raposa + O Anel: Mentir continuamente. Falsas promessas. Um acordo ou compromisso que sela uma armadilha. Relação extraconjugal. Suspeitas no casal.

A Raposa + A Carta: Documentos falsos. Textos falsos.

A Raposa + O Livro: Uma mentira, uma fraude bem arquitetada (difícil de ser descoberta). Plágio.

A Raposa + Os Peixes: Suborno. Fraude financeira.

Carta 15
O Urso
10 de Nozes

"O URSO é também um mensageiro de felicidade, ou, pelo contrário, avisa para nos mantermos afastados de determinadas pessoas, principalmente daquelas que têm inveja de nós."

Philippe Lenormand, 1846

Ficha da carta

Polaridade (energia da carta): Neutra.

Função da carta em uma leitura: Fornecer informações sobre os recursos do(a) consulente.

Significado básico em geral: Poder. Força. Coragem. Firmeza. Capacidade de enfrentar as dificuldades. Apoio. Proteção. Suporte. Patrocínio. Gestão. Possessão. Tutela. Resistência. Perseverança. Determinação. Autoconfiança. Hábito. Autoridade. Solidez. Respeito. Integridade. Dignidade. Armazenar. Acumular. Ciúme. Inveja. Algo grande.

Personalidade: Personalidade forte, sólida e íntegra, mas se provocada, transforma-se em uma pessoa perigosa e agressiva.

Identificação: Uma figura materna ou paterna, pessoa mais velha ou que possui uma posição de autoridade na vida do(a) consulente. Chefe, autoridade, protetor(a), defensor(a), gerente, uma pessoa comprometida (casada), nutricionista, cozinheiro(a).

Relacionamento: Possessividade e pouco romantismo, mas bom de cama. Parceiro(a) muito exigente, controlador(a) e autoritário(a).

Sentimento: Sentimentos de proteção (às vezes, exagerada).

Trabalho: Ambição, competência profissional.

Profissão: Profissões relacionadas à contabilidade ou cozinha.

Finanças: Finanças pessoais. Poupança. Previdência. Boa administração financeira.

Saúde: Obesidade. É recomendado seguir uma dieta. Força e resistência física.

Parte do corpo: Estômago. Barriga.

Local: Espaço pessoal. Onde se guarda o dinheiro. Na cozinha. No restaurante. Espaços associados ao poder.

Objeto: Carteira. Itens pessoais dos pais ou chefes.

Tempo: Longo prazo.

Código de leitura da carta O Urso

A Carta posicionada na **direção do olhar** do Urso indica:
- o que acumula;
- os seus recursos;
- o que protege.

A carta posicionada **depois** do Urso indica:
- o assunto que enfrenta e a maneira como enfrenta.

Algumas combinações

O Urso + O Cavaleiro: Encontro com alguém influente ou autoridade. O(A) consulente tem a capacidade de superar os desafios da vida, graças à sua própria força.

O Urso + A Casa: Força interior. Os pais influenciam ou interferem na vida pessoal do(a) consulente.

O Urso + A Serpente: Poder de persuasão. Poder enganoso. Ciúme excessivo. Inimigo temível.

O Urso + A Vassoura e O Chicote: Força brutal. Abuso de poder. Severidade. Intimidação. Raiva excessiva. Incapacidade de agir com diplomacia. Polícia. Árbitro.

O Urso + As Estrelas: Cientista. Radiologista. Guru. O(A) consulente se esforça para atingir seus objetivos.

O Urso + A Torre: Oficial da lei. O pai.

O Urso + O Parque: Figura pública.

O Urso + A Montanha: A oposição é feita pelos pais ou pelo chefe (autoridade).

O Urso + O Rato: Falta de coragem ou força. Acumulação de coisas desnecessárias.

O Urso + O Sol: Restauração das forças.

O Urso + Os Peixes: Empresário(a), bancário(a). Apoio ou assistência financeira. Defender seus próprios interesses.

O Urso + A Âncora: Autoconfiança. Domínio dos assuntos profissionais. Grande força de vontade.

Carta 16

AS ESTRELAS
6 de Corações

"AS ESTRELAS confirmam sorte em todos os empreendimentos, mas quando estão próximas das nuvens, indicam um longo período de acontecimentos desfavoráveis."

Philippe Lenormand, 1846

Ficha da carta

Polaridade (energia da carta): Positiva.

Função da carta em uma leitura: Trazer transparência, esclarecimento e melhoria na vida do(a) consulente.

Significado básico em geral: Melhoria. Sorte grande. Sucesso. Otimismo. Expectativa. Esperança. Clareza. Iluminação. Orientação. Direção. Sinalização. Planos. Objetivos. Projetos. Metas. Desenvolvimento. Progresso. Expansão. Realização de sonhos e ideais. Precisão. Perfeição. Inspiração. Aspiração. Criatividade. Talento. Arte. Insights. Sexto sentido. Intuição. Sensação. Espiritualidade. Misticismo. Esoterismo. Adivinhação. Astrologia. Proteção. Novas tecnologias. Ciências. Invenção. Tecnologia. Internet. Muito de algo. Distante. Longe. Futuro brilhante.

Personalidade: Representa uma pessoa carismática, positiva, talentosa e clara nos seus propósitos.

Identificação: Um(a) vidente, astrólogo(a), astrônomo(a), cientista, um guia (espiritual), pessoa famosa. Às vezes, pode indicar uma multidão de pessoas.

Relacionamento: Relacionamento gratificante.

Sentimento: Sentimentos profundos, expectativas por alguém especial.

Trabalho: Novas perspectivas profissionais, sucesso.

Profissão: Profissões relacionadas à informática, tecnologia e ao esoterismo.

Finanças: Sucesso financeiro, expectativas financeiras.

Saúde: Células. Tratamento ou exame inovador (laser, ultrassom). Recuperação, mas também a progressão de uma doença. Medicina, remédios.

Parte do corpo: Pele. Células.

Local: No Norte, espaços esotéricos.

Objeto: Equipamentos e dispositivos eletrônicos, objetos esotéricos, mapas, navegadores.

Tempo: No futuro, longo tempo.

Estação do ano: Inverno.

Parte do dia: À noite.

Clima e temperatura: Frio, fresco.

Direção: Norte.

Carta temática: Espiritualidade.

Algumas combinações

As Estrelas + O Trevo: Circunstâncias felizes, mas de breve duração. Aplicativo de jogos de azar.

As Estrelas + A Casa: Objetivos pessoais.

As Estrelas + As Nuvens: Falta de clareza nos próprios objetivos ou em uma questão específica.

As Estrelas + A Serpente: Planejar uma vingança.

As Estrelas + A Foice: Algo será esclarecido rapidamente.

As Estrelas + A Criança: Planos estão sendo desenvolvidos.

As Estrelas + A Raposa: Expectativas irreais, indo na direção errada, charlatão.

As Estrelas + A Cegonha: Mudança de planos. Um assunto ou projeto que está tomando um rumo diferente. Mudança bem planejada. Alguém muda de ideia.

As Estrelas + A Torre: Planos para se separar ou se isolar. Projeto individual. Retiro espiritual.

As Estrelas + O Parque: Projeto coletivo.

As Estrelas + Os Caminhos: Avaliação de um projeto. Muitas opções para analisar.

As Estrelas + O Rato: Nenhuma intenção de esclarecer um fato. Avarias ou danos em um equipamento eletrônico (tablet, computador etc.).

As Estrelas + O Livro: Manter seus planos em segredo. Interesse pelo ocultismo ou mistério.

As Estrelas + A Carta: Aplicativo de comunicação (chat, Messenger, WhatsApp etc.).

As Estrelas + A Lua: Grande sucesso, fama. Medalha.

As Estrelas + Os Peixes: Talento para os negócios. Ideias para ganhar mais dinheiro (por exemplo, usar a internet para ganhar dinheiro). Planejamento financeiro.

As Estrelas + A Âncora: Sucesso garantido. Alcançar as metas prefixadas. Focado(a), determinado(a) a alcançar um objetivo. Estabelecer metas de longo prazo. Conexão espiritual. Viciado(a) na internet.

Carta 17

A CEGONHA
Rainha de Corações

"A CEGONHA indica uma mudança de residência, que se materializa de acordo com o quão próximo a carta estiver da pessoa."

Philippe Lenormand, 1846

Ficha da carta

Polaridade (energia da carta): Neutra.

Função da carta em uma leitura: Anunciar uma mudança.

Significado básico em geral: Mudança (local, ideia, opinião etc.). Relocação. Modificação. Alteração. Movimento. Ir e vir. Levar e trazer. Chegar e ir. Transferência. Deslocação. Emigração. Novos começos. Adaptabilidade. Gravidez. Nascimento. Entrega. Voo.

Personalidade: Representa uma pessoa amável, meiga, bondosa e que se adapta facilmente às circunstâncias da vida.

Identificação: Nômade, parteira, uma nova pessoa na vida do(a) consulente.

Relacionamento: Mudanças no relacionamento. Regresso de uma pessoa do passado.

Sentimento: Mudança nos sentimentos. Apaixonar-se por outra pessoa.

Trabalho: Ocupação por uma temporada (emigração). Retorno a uma antiga profissão ou a um local de trabalho. Possível promoção, renovação de contrato.

Profissão: Profissões relacionadas aos aviões ou às mudanças.

Finanças: Mudança na situação financeira (as cartas vizinhas dirão se é positiva ou negativa).

Saúde: Mudança no estado de saúde. Além disso, indica uma doença que se apresenta novamente. Às vezes, é recomendado uma mudança no tratamento ou na dieta.

Parte do corpo: Pernas.

Local: Escadas. Telhado. Chaminé.

Objeto: Acessórios dos aviões.

Tempo: Em cada 6 meses.

Estação do ano: Mudança de estação do ano.

Código de leitura da carta A Cegonha

Carta posicionada ANTES da Cegonha

Carta posicionada na DEPOIS da Cegonha

A carta posicionada **ANTES** da Cegonha indica:
- a motivação da mudança;
- a área da vida que vive uma mudança, alteração ou modificação.

A carta posicionada **DEPOIS** da Cegonha indica:
- o que a mudança representada pela carta posicionada antes da Cegonha irá causar na vida do(a) consulente.

Algumas combinações

A Cegonha + O Cavaleiro: Uma mudança que possibilita seguir em frente.

A Cegonha + O Trevo: Uma mudança que oferece oportunidades na vida. Uma mudança que dura pouco tempo (curto prazo).

A Cegonha + O Navio: Imigração.

A Cegonha + As Nuvens: A consequência de uma mudança ainda não está bem definida. Alterações que causam caos, confusão e muita instabilidade.

A Cegonha + A Serpente: Mudança causa novas complicações. Retorno de um(a) rival.

A Cegonha + As Estrelas: Mudança realizadora, bem-sucedida. Mudança traz clareza. Mudança para a zona norte. Uma mudança de direção.

A Cegonha + A Torre: Mudança causa uma separação. Mudanças limitantes.

A Cegonha + A Montanha: Mudança causa grandes dificuldades. Incapacidade de mudar ou se movimentar no momento atual.

A Cegonha + Os Caminhos: Uma situação que se modifica e terá como consequência novas escolhas ou decisões.

A Cegonha + O Anel: Mudar algo para chegar a um acordo em uma questão. O(A) consulente está numa fase em que vive diversas mudanças ao mesmo tempo. Constantes mudanças e alterações.

A Cegonha + O Livro: Uma alteração ou movimentação que ainda permanece secreta.

A Cegonha + O Sol: Uma mudança que leva à felicidade ou ao sucesso em uma questão.

A Cegonha + Os Lírios: Mudança que traz harmonia na vida do(a) consulente. Uma mudança que leva a uma reconciliação.

A Cegonha + A Chave: Uma mudança resolve um problema.

A Cegonha + A Cruz: Mudança causa pressão ou novos sacrifícios na vida do(a) consulente.

Carta 18
O CÃO
10 de Corações

"O CÃO, próximo da carta da pessoa, indica amigos fiéis e sinceros, mas se estiver muito distante dela e circundado pelas nuvens, sinaliza cautela com aqueles que se dizem seus amigos."

Philippe Lenormand, 1846

Ficha da carta

Polaridade (energia da carta): Positiva.

Função da carta em uma leitura: Assinalar o que é confiável e verdadeiro.

Significado básico em geral: Honestidade. Credibilidade. Sinceridade. Lealdade. Fidelidade. Confiança. Confiável. Proximidade. Familiaridade. Amizade verdadeira. Companheirismo. Equipe. Valores e princípios. Simpatia. Respeito. Amigável. Dedicação. Devoção. Subordinação. Obediência. Ajuda. Apoio. Assistência. Vigilância. Proteção. Animal de estimação.

Personalidade: Representa uma pessoa de boa índole, amigável, confiável, disponível para ajudar o(a) consulente.

Identificação: Um(a) amigo(a) próximo(a), parceiro(a), colega, assistente, ajudante, aliado(a), vizinho(a), acompanhante, coinquilino(a), seguidor(a), guarda, um cachorro.

Relacionamento: Fidelidade no relacionamento. Parceiro(a) fiel, afetuoso(a) e sério(a).

Sentimento: Sentimentos leais, de respeito e ternura. Às vezes, indica um amor platônico (fantasioso e impossível). Uma amizade que se transforma em amor.

Trabalho: Apoio profissional. Trabalho em equipe. Ambiente de trabalho amigável e tranquilo. Profissão: Profissões relacionadas às organizações de segurança ou aos animais (veterinário).

Finanças: Apoio ou ajuda financeira por parte de amigos.

Saúde: Doença crônica, necessidade de ajuda (assistência) durante uma doença, cura.

Parte do corpo: Cordas vocais.

Local: Espaço destinado para amigos ou animais de estimação, abrigo de animais.

Objeto: Alarme, itens do animal de estimação.

Tempo: Longo prazo.

Carta temática: Amizade, amigos.

Código de leitura da carta O Cão

A carta posicionada na CAUDA do Cão indica:
- o assunto ou a área da vida que protege;
- o assunto que necessita de ajuda.

A carta posicionada na **DIREÇÃO DO FOCINHO** do Cão indica:
- o assunto ou a área da vida em que o(a) consulente pode ter confiança.

Algumas combinações

O Cão + O Navio: Viajar com um(a) amigo(a). Distanciamento ou partida de um(a) amigo(a). Amigo(a) estrangeiro(a).

O Cão + A Árvore: Amizade para a vida toda.

O Cão + As Nuvens: Uma amizade incerta e pouco clara.

O Cão + O Ramo de Flores: Convite de um(a) amigo(a). Oferta de amizade. Admirador(a). Um(a) amigo(a) muito gentil.

O Cão + A Vassoura e O Chicote: Discussão com um(a) amigo(a). Amigo(a) abusivo(a). Ingratidão. Ser atacado(a) por um animal de estimação.

O Cão + A Criança: Amigo(a) ou irmão(ã) mais novo(a). Um(a) amigo(a) infantil.

O Cão + As Estrelas: Receber orientação de um(a) amigo(a). Um(a) amigo(a) espiritual. Um(a) amigo(a) do Norte.

O Cão + A Cegonha: Um(a) amigo(a) está em processo de mudança. Mudança nas condições de uma amizade.

O Cão + A Torre: Um(a) amigo(a) isolado(a) ou que não quer contato. Sem amizades.

O Cão + O Parque: Um grande círculo de amigos. Um(a) amigo(a) que é o centro das atenções.

O Cão + Os Caminhos: Decisão sobre a uma amizade. Um(a) amigo(a) que ajuda a tomar uma decisão. Infidelidade. Uma amizade é questionada.

O Cão + O Rato: Nenhuma lealdade ou interesse por uma amizade. Ingratidão. Traição. Infidelidade por parte de um(a) amigo(a).

O Cão + O Coração: Honestidade e lealdade por parte de amigos. Amigo(a) íntimo(a). Devoção incondicional. Amizade que se transforma em amor.

O Cão + O Livro: Amigo(a) confidente. Amigo(a) secreto(a). Uma pessoa desconhecida.

O Cão + A Âncora: Colega de trabalho. Um(a) amigo(a) confiável.

Carta 19
A TORRE
6 de Folhas

"A TORRE oferece a oportunidade de uma vida prolongada e feliz, mas se está próxima das nuvens, prenuncia doença e, de acordo com as circunstâncias, indica mesmo morte."

Philippe Lenormand, 1846

Ficha da carta

Polaridade (energia da carta): Neutra.

Função da carta em uma leitura: Assinalar questões relacionadas à autoridade.

Significado básico em geral: Autoridade. Legislação. Lei. Regras. Sistema judicial. Questão jurídica. Legalização. Oficialidade. Instituição (estatal, governamental). Organizações. Burocracia. Objetivos ambiciosos. Ego. Posição de poder. Domínio. Especialista. Restrição (algo extremamente restrito). Limitação. Confinamento. Detenção. Solidão. Isolamento. Retraimento. Quarentena. Distância. Separação. Independência. Grande edifício (prédio alto ou de grande dimensão). Velhice. Aposentadoria. Algo que existe há muito tempo. Longevidade. Algo sólido e estável. Disciplina.

Personalidade: Caráter obstinado, determinado e indomável. Às vezes, uma pessoa retraída e silenciosa.

Identificação: Uma pessoa que ocupa uma posição de autoridade (político, prefeito, policial, administrador, chefe, juiz), funcionário(a). Divorciado(a). Representa também, uma pessoa mais velha.

Relacionamento: Relação com limitações, isolamento (afastamento) e pouca comunicação entre o casal; ou que cada um cuida da sua própria vida. Risco de separação ou divórcio.

Sentimento: Sentimentos frios. Emoções controladas. A pessoa não quer se envolver emocionalmente. Quer ficar sozinho(a).

Trabalho: Carreira, projetos ambiciosos e a longo prazo. Independência ou falta de apoio profissional.

Profissão: Profissões relacionadas às organizações governamentais, estatais ou empresas internacionais.

Finanças: Poupança. Impostos. Renda estável.

Saúde: Reumatismo. Artrite. Doença crônica. Isolamento devido a uma doença (quarentena).

Parte do corpo: Coluna vertebral. Dedos. Pescoço.

Local: Em uma grande cidade (metrópole, capital). Na fronteira. Grandes edifícios. No alto (prateleira), em cima de algo. Espaço fechado ou de isolamento. Local de retiro.

Objeto: Armários. Objetos antigos.

Tempo: Longo prazo. Um tempo reservado exclusivamente para si mesmo(a).

Carta temática: Autoridade.

Carta 19
A Torre
6 de Folhas

Algumas combinações

A Torre + O Trevo: Uma breve pausa para a recuperação. Pequena pausa. Breve isolamento. Trégua de curta duração.

A Torre + A Casa: Bloco de apartamentos. Prefeitura. Descanso. Empresa doméstica.

A Torre + O Caixão: Hospital. Doença. Tristeza devido a uma separação. Abrir mão de alguns direitos. Possível derrota em um processo judicial. Falência de uma empresa.

A Torre + A Vassoura e O Chicote: Delegacia. Quartel Militar. Tribunal.

A Torre + As Estrelas: Isolar-se para iluminar a mente. Um prédio de grande prestígio. Audiência on-line.

A Torre + A Cegonha: Mudanças em uma instituição ou estrutura governamental.

A Torre + O Parque: Uma grande empresa. Organização pública. Ocupar um cargo público. Regras sociais (também de uma comunidade ou grupo). Condomínio. Edifício público. Apoio de uma pessoa influente.

A Torre + A Montanha: Ficar confinado(a) em um apartamento ou cidade que não gosta. Prisão. Adiamento de uma separação. Problemas com a autoridade. Estabelecer limites para uma situação. Limitações. Isolamento forçado. Algo está fora do alcance.

A Torre + Os Caminhos: Questões pendentes com a autoridade.

A Torre + O Livro: Instituição educacional. Universidade. Algo ainda não oficializado. Não ter conhecimento sobre uma separação. Segredos de estado.

A Torre + A Carta: Carta vinda da autoridade. Burocracia. Administração. Um formulário tem que ser preenchido e entregue. Notícias sobre uma separação. Notícias vindas do passado.

A Torre + O Homem: Um homem retraído ou muito reservado. Intocável.

A Torre + Os Lírios: Juiz. Empresa familiar.

A Torre + Os Peixes: Banco. Pensão alimentícia.

A Torre + A Âncora: Ambições profissionais. Retirar-se por um longo tempo. Autodisciplina. Um passado muito presente.

A Torre + A Cruz: Uma igreja ou um hospital. Sofrimento causado pela separação ou afastamento de alguém. Uma separação muito difícil. A solidão é um fardo.

Carta 20
O PARQUE
8 de Folhas

"O PARQUE prevê o contato com um grupo de pessoas bastante respeitadas. Se muito próximo, indica o crescimento de uma amizade bastante íntima; se muito distante, pressupõe falsos amigos."

Philippe Lenormand, 1846

Ficha da carta

Polaridade (energia da carta): Neutra.

Função da carta em uma leitura: Trazer informações sobre a vida social do(a) consulente.

Significado básico em geral: Vida social. A sociedade. Eventos públicos e culturais (manifestações, palestras, assembleia). Socialização. Redes sociais. Network. Opinião pública. Divulgação (publicidade, anúncio, publicação). Plateia. Exibir. Exposição pessoal. Expor. Apresentar. Mostrar. Nenhuma privacidade. Fachada. Integração. Encontro. Reunião. Entretenimento (teatro, cinema, passeio etc.). Lazer. Recreação. Ar livre.

Personalidade: Representa uma pessoa extrovertida, que gosta de ser o centro das atenções.

Identificação: Pessoas conhecidas ou novas amizades. Pessoas públicas, uma multidão (equipe, staff, cidadãos, palestrantes, clientes, fãs, turma).

Relacionamento: Amor encontrado em locais públicos ou em aplicativos de namoro. Exibicionista, ama se expor ou expor seu estado emocional em público.

Sentimento: Sentimentos superficiais.

Trabalho: Bons contatos e novos clientes. Trabalhar em grandes organizações (empresas multinacionais, hotéis).

Profissão: Profissões relacionadas aos eventos públicos, serviços públicos (vendas) e à jardinagem.

Finanças: Pode ser um dinheiro público ou da comunidade.

Saúde: Repouso, descanso, recuperação, terapia de grupo.

Parte do corpo: Nenhuma correspondência.

Local: A área reservada para o público. Um lugar lotado. Espaços públicos. Espaços abertos. No jardim, na praça, nos bares, mercados, nas feiras. Fora de casa.

Objeto: Ferramentas de jardinagem.

Tempo: Três meses. Uma data onde ocorre uma manifestação, festival ou congresso.

Hora do dia: Hora da pausa.

Carta temática: Vida social.

Algumas combinações

O Parque + A Casa: Passar as férias em casa. Povo hospitaleiro (cidadãos). Evento nacional. Uma casa cheia de pessoas.

O Parque + A Árvore: Evento ou férias monótonas. Um grupo de pessoas que se conhecem há tempos. Frequentar uma comunidade por um longo período.

O Parque + As Nuvens: Zona para toxicodependentes. Zona industrial.

O Parque + A Serpente: Cercado(a) de pessoas perigosas. Companhia nociva.

O Parque + O Caixão: Uma reunião ou encontro não ocorre. Zona abandonada. Ser excluído(a) de forma definitiva de um grupo ou comunidade.

O Parque + O Ramo de Flores: Encontros agradáveis. Companhia alegre. Um evento que trará satisfação.

O Parque + A Vassoura e O Chicote: Desfile militar. Competição esportiva. Estádio (futebol etc.).

O Parque + Os Pássaros: Público ou zona barulhenta.

O Parque + A Criança: Pequena manifestação ou reunião. Parque infantil.

O Parque + As Estrelas: Uma multidão de pessoas. Cinema. Campismo. Mercado on-line. Loja virtual. Comunidade espiritual ou esotérica.

O Parque + A Torre: Zona restrita. Afastar-se da convivência social. Retirar-se da vida pública. Grupo restrito. Manter-se afastado(a) das distrações.

O Parque + O Cão: Torcedores. Companhia confiável. Público ou seguidores fiéis.

O Parque + A Montanha: Indisponível para encontros ou novas relações.

O Parque + Os Caminhos: Avaliação pública.

O Parque + O Coração: Ser aceito(a) por uma comunidade ou grupo.

O Parque + O Livro: Festa de formatura. Ambiente ou zona silenciosa. Organização ou grupo secreto. Vários portadores de segredos.

O Parque + O Anel: Tornar público uma parceria ou união. Cerimônia.

O Parque + A Cruz: Eventos religiosos. Grupo de oração. Grupo religioso.

Carta 21

A MONTANHA

8 de Nozes

"A MONTANHA, quando próxima da pessoa, indica a presença de um poderoso inimigo; se estiver distante, é sinal de que amigos influentes estão presentes na sua vida."

Philippe Lenormand, 1846

Ficha da carta

Polaridade (energia da carta): Negativa.

Função da carta em uma leitura: Trazer desafios e obstáculos para o andamento das situações.

Significado básico em geral: Grande problema. Dificuldade séria. Algo preso. Bloqueio. Obstáculo. Impedimento. Barreira. Obstrução. Limite. Atraso. Demora. Inatividade. Imobilizar. Paralisia. Travar. Suspensão. Rejeição. Procrastinação. Carga. Detenção (algo preso). Esforço. Frustração. Desânimo. Hostilidade. Pouco colaborativo. Inimizade. Distante.

Personalidade: Representa uma pessoa dominante, insensível, dura, teimosa e fria.

Identificação: Um(a) inimigo(a), adversário(a) perigoso(a), deficiente, preso(a), geólogo(a), alpinista.

Relacionamento: Esfriamento na relação.

Sentimento: Frieza, incapacidade de exprimir os sentimentos.

Trabalho: Tarefas difíceis, dificuldade em prosseguir no trabalho. É preciso muito esforço para alcançar o sucesso e o objetivo profissional. Desemprego.

Profissão: Profissões relacionadas às pedras e montanhas.

Finanças: Adiamento ou atraso do pagamento. Acumulação de dívidas. Limitações econômicas. Pão-duro, mão de vaca.

Saúde: Formação de pedras nos rins. Dores de cabeça. Em caso de doença, a recuperação será demorada.

Parte do corpo: Crânio. Ossos. Dentes.

Local: Na fronteira. Área montanhosa, vales, colinas. Terrenos inclinados. No morro. No alto (telhado).

Objeto: Rocha, pedra, cristal.

Tempo: Atraso. Data adiada. Nada acontece no momento. Longo tempo.

Clima e temperatura: Frio.

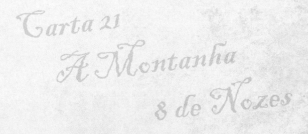

Código de leitura da carta A Montanha

A carta posicionada **ANTES** da Montanha indica:

- algo que não acontecerá no momento;
- o que está bloqueado, impedido de seguir em frente.

A carta posicionada **DEPOIS** da Montanha indica:

- se é possível ou não superar o que está na carta antes da Montanha.

Algumas combinações

A Montanha + O Trevo: Inatividade temporária. Resolução rápida de um problema.

A Montanha + As Nuvens: Não se tem uma ideia da origem dos bloqueios e atrasos. Problemas provocados por um ex ou um homem de difícil trato.

A Montanha + A Foice: Blocos ou impedimentos não esperados.

A Montanha + A Serpente: Um grave problema pode se arrastar por um longo período. Um(a) grande inimigo(a). Um(a) inimigo(a) que causa graves danos à vida do(a) consulente.

A Montanha + A Vassoura e O Chicote: Problemas legais. Graves divergências.

A Montanha + As Estrelas: Cumprimento de uma tarefa difícil.

A Montanha + A Cegonha: Uma mudança difícil.

A Montanha + A Torre: Recuo diante das dificuldades. Teimosia. Intolerância. Completamente só. Procrastinação. Prisão.

A Montanha + Os Caminhos: Uma difícil decisão.

A Montanha + O Rato: Desafios ou problemas desnecessários.

A Montanha + O Anel: Impedimentos recorrentes a algo (projetos).

A Montanha + A Chave: Solução difícil.

A Montanha + O Livro: Não falar das próprias dificuldades. Complexos. Inimigo oculto.

A Montanha + O Sol: O sucesso é alcançado através dos esforços. Os problemas são resolvidos com êxito.

A Montanha + A Cruz: Sentir o peso da frustração ou dos problemas.

Carta 22
OS CAMINHOS
Rainha de Sinos

"OS CAMINHOS com as nuvens materializam infortúnio. Na ausência desta carta e distantes da pessoa, sinalizam caminhos e meios de ultrapassar o perigo existente."

Philippe Lenormand, 1846

Ficha da carta

Polaridade (energia da carta): Neutra.

Função da carta em uma leitura: Informar onde há decisões a serem tomadas.

Significado básico em geral: Situação incerta (incerteza). Escolha. Selecionar. Avaliar (os prós e contras de uma situação). Examinar algo. Decisão. Diferentes perspectivas. Várias opções. Possibilidades. Opção alternativa. Dilema. Outro ponto de vista. Em busca de alternativas. Considerar ou verificar algo. Hesitação. Uma questão ainda não determinada. Crise existencial. Inconsistência. Mudança. Transição. Derramamento. Difusão. Alastramento. Diversos interesses. Ficar dividido(a) a respeito de uma determinada situação. Sem opinião definitiva no momento. Dispersão. Adiamento. Procrastinação. Deslocação. Separação.

Personalidade: Representa uma pessoa indecisa. Às vezes, aponta para uma pessoa com diversas personalidades.

Identificação: Conhecido(a) de vista, separado(a), um(a) explorador(a).

Relacionamento: Relação que não oferece segurança. Incapacidade de escolher entre duas pessoas ou indica que a pessoa tem uma vida paralela (dois relacionamentos, triângulo amoroso). Cada um segue seu caminho (separação). Infidelidade.

Sentimento: Sentimentos instáveis ou não tem certeza de seus sentimentos, pois pode ter sentimentos por outro(a).

Trabalho: Trabalho em tempo parcial (meio período). Avaliação profissional (provavelmente com várias propostas ou projetos a serem avaliados) ou à espera de uma decisão.

Profissão: Profissões relacionadas às estradas e ruas.

Finanças: Decisão de natureza econômica. Dinheiro que chega de diversas fontes.

Saúde: Difusão de uma doença. Opção de tratamento. Combinação de vários métodos de tratamento. Exames clínicos.

Parte do corpo: Sistema circulatório. Artérias. Veias.

Local: Na estrada, encruzilhada, nas trilhas, nas ruas, no cruzamento.

Objeto: Sinais de trânsito. Sapatos.

Tempo: Impreciso ou cerca de 6 ou 7 meses.

Carta temática: Decisões, escolhas.

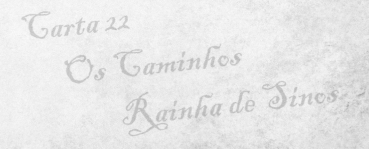

Carta 22
Os Caminhos
Rainha de Sinos

Código de leitura da carta Os Caminhos

Carta posicionada ANTES dos Caminhos

Carta posicionada DEPOIS dos Caminhos

A carta posicionada ANTES dos Caminhos indica:
- a decisão, a escolha a ser tomada.

A carta posicionada DEPOIS dos Caminhos indica:
- o efeito que a decisão ou escolha terá na vida do(a) consulente.

Algumas combinações

Os Caminhos + O Cavaleiro: Uma decisão será divulgada.

Os Caminhos + O Trevo: Decisão que traz alívio temporário. Uma separação de breve duração.

Os Caminhos + A Árvore: Decisão para a vida toda.

Os Caminhos + As Nuvens: Decisões causam confusão e caos.

Os Caminhos + O Caixão: Decisão final. Sem saída. Opções esgotadas. Uma decisão pode ter um resultado negativo.

Os Caminhos + O Ramo de Flores: O(A) consulente está feliz pela decisão tomada.

Os Caminhos + A Criança: Seguir um novo caminho.

Os Caminhos + A Raposa: Tomar uma decisão errada, incorreta.

Os Caminhos + As Estrelas: Decisão que traz clareza. Caminho certo.

Os Caminhos + A Cegonha: Decisão leva a uma mudança.

Os Caminhos + O Coração: Decide seguir o próprio coração.

Os Caminhos + O Anel: Ter que tomar frequentes decisões. Decidir se comprometer com alguém ou algo.

Os Caminhos + Os Lírios: Escolhe permanecer com a sua própria família.

Os Caminhos + A Cruz: Uma decisão que traz sofrimento ou fardos.

Carta 23

O RATO
7 de Nozes

"OS RATOS são indicadores de um roubo, uma perda. Quando próximos da pessoa, materializam a recuperação de um objeto, uma situação roubada ou perdida; se distantes, a perda é irrecuperável."

Philippe Lenormand, 1846

Ficha da carta

Polaridade (energia da carta): Negativa.

Função da carta em uma leitura: Anunciar em qual área da vida o(a) consulente vive ou sofrerá desgastes, perdas ou roubos.

Significado básico em geral: Estresse. Nervosismo. Tormento. Esgotamento. Perda (perder algo). Falta (trabalho, dinheiro, autoestima etc.). Escassez. Diminuição. Desaparecimento gradual de algo (para o bem ou para o mal). Roubo (algo roubado). Algo escondido. Erosão. Pequenos problemas (mas inconvenientes). Avaria. Dano. Ruína. Destruição. Gatunagem. Redução. Fracasso. Destruição. Impureza. Contaminação. Infestação. Privação. Desperdício. Restos. Rejeição. Maus hábitos. Degradação. Corrupção. Ignorância. Má educação. Sujeira. Praga. Parasitas. Dívidas. Baixo valor de algo. Menos. Pouco.

Personalidade: Representa uma pessoa atormentada ou insatisfeita.

Identificação: Um ladrão, uma ladra (material ou pessoas que roubam o tempo e a paz). Um(a) inimigo(a) oculto(a). Um(a) mendigo(a), sequestrador(a), infiltrado(a), traficante, hacker, fugitivo(a), clandestino(a), refugiado(a).

Relacionamento: Infidelidade.

Sentimento: Desencanto.

Trabalho: Redução de trabalho. Trabalho precário (mal pago, desqualificado). Negócios ilegais. Às vezes, alerta para um engano na área profissional.

Profissão: Profissões relacionadas aos produtos ilegais, ao lixo e à reciclagem.

Finanças: Perda de dinheiro (despesas ou gastos em vícios). Roubo. Dívidas. Redução da renda.

Saúde: Doença. Enfraquecimento. Tumores. Doenças contagiosas e infecciosas.

Parte do corpo: Órgãos digestivos. Estômago. Fígado. Sistema nervoso.

Local: Zona suja, no lixo. Locais onde exercem atividades criminosas (ilegais).

Objeto: Objetos perdidos, roubados ou usados.

Tempo: Perda de tempo ou o tempo que está se esgotando.

Carta temática: Roubo.

Código de leitura da carta O Rato

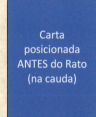  

A carta posicionada ANTES do Rato (na cauda) indica:

- o que não tem alguma importância ou valor.

A carta posicionada DEPOIS do Rato (na direção do focinho) indica:

- o que se perde gradualmente;
- o que está diminuindo.

Algumas combinações

O Rato + A Casa: Danos na casa. Deformação física. Roubo. Sentir-se desconfortável em casa. Uma casa desarrumada ou sem higiene.

O Rato + A Árvore: Saúde frágil. Pouca melhora da saúde.

O Rato + O Caixão: Gradualmente, começa a melhorar. De forma lenta, ultrapassa um período de luto ou perda.

O Rato + A Vassoura e O Chicote: Dupla perda. Um conflito diminui com o tempo (perde a força).

O Rato + O Cão: Pouca confiança e sinceridade. Perder aos poucos a confiança em um(a) amigo(a). Infidelidade. Perdendo seguidores.

O Rato + A Torre: Medo da solidão, de ficar sozinho(a). Corrupção do governo ou das autoridades.

O Rato + O Parque: Medo do público.

O Rato + A Montanha: Obstáculos que desaparecem aos poucos.

O Rato + O Coração: Esfriamento nos sentimentos.

O Rato + O Anel: Acordo parcial. Infidelidade. Interferência negativa no casal. Medo de perder um contrato, acordo ou união (casamento).

O Rato + O Sol: Pouca energia vital. Perda gradual da visão. A vontade ou o entusiasmo pela vida são poucos.

O Rato + A Âncora: Pouco trabalho ou negligência. Não pretende se comprometer.

Carta 24
O CORAÇÃO
Valete de Corações

"O CORAÇÃO indica alegria, materializada em união e felicidade."

Philippe Lenormand, 1846

Ficha da carta

Polaridade (energia da carta): Positiva.

Função da carta em uma leitura: Mostrar os sentimentos do(a) consulente.

Significado básico em geral: Sentimentos. Emoções. Empatia. Romance. Paixão. Afeto. Alegria. Prazer. Altruísmo. Devoção. Compaixão. Caridade. Boas ações. Cordialidade. Inspiração. Desejo sincero. Preferência. Gosto. Vontades. Algo favorito. Consideração sincera.

Personalidade: Representa uma pessoa carismática, emocional, sensível e com predisposição para ajudar.

Identificação: Um ente querido, alguém que tem um lugar muito especial no coração do(a) consulente.

Relacionamento: Amor correspondido, paixão, sentimentalismo. O(A) consulente se deixa levar pela emoção.

Sentimento: Apaixonado(a), atencioso(a) e carinhoso(a) nos relacionamentos.

Trabalho: Amor e paixão (vocação) pelo trabalho.

Profissão: Profissões relacionadas à ajuda humanitária, assistência e ao voluntariado.

Finanças: Doação financeira. Materialismo.

Saúde: Sangue. Doenças cardíacas. Cuidados com o próprio corpo e saúde.

Parte do corpo: Coração.

Local: Zona preferida ou familiar do(a) consulente.

Objeto: Itens que o/a consulente adora.

Tempo: Longo tempo. Uma data especial para o(a) consulente. Uma data em que o(a) consulente demonstra um sentimento.

Carta temática: Amor. Sentimentos.

Algumas combinações

O Coração + O Navio: Mudança desejada. Interesse por culturas e países estrangeiros. Deixar de lado as emoções para resolver uma questão. Vontade, desejo de se afastar.

O Coração + A Casa: Acolhimento.

O Coração + A Árvore: Sentimentos que se consolidam com o passar do tempo. Sentimentos profundos. Amor pela vida.

O Coração + A Serpente: Paixão fatal. Traição, rival (amante). Amor proibido. Vingança.

O Coração + O Caixão: Amor doentio. Colapso emocional. Perda ou luto de um ente querido.

O Coração + A Vassoura e O Chicote: Ressentimento. Raiva. Adora uma boa briga, confrontos.

O Coração + Os Pássaros: Gostar de fofocas. Inquietação. Agitação.

O Coração + O Cão: Sentimentos sinceros. Amor platônico (fantasioso e impossível).

O Coração + A Torre: Um amor que vem de longa data. Emoções e sentimentos blindados. Sentir-se sozinho(a) emocionalmente.

O Coração + O Parque: Agradar as pessoas. Gostar de se exibir, se expor em público.

O Coração + A Montanha: Bloqueio emocional. Frieza.

O Coração + Os Caminhos: As emoções interferem na tomada de decisão ou na avaliação.

O Coração + Os Lírios: Sentimentos sinceros. Sensação de paz. Amor pela família.

O Coração + A Âncora: Capacidade de lidar com as próprias emoções ou vícios.

O Coração + A Cruz: Sentir-se sobrecarregado(a) emocionalmente. Sacrifícios em nome do amor. Ressentimento. Um peso no coração. Amor que causa sofrimento. Fanatismo religioso. Missão humanitária.

Carta 25

O ANEL

Ás de Nozes

"O ANEL, posicionado à direita da pessoa, indica um casamento próspero e feliz. Quando localizado à esquerda e distante, revela uma discussão com a pessoa da sua afeição e o fim de um casamento."

Philippe Lenormand, 1846

Ficha da carta

Polaridade (energia da carta): Neutra.

Função da carta em uma leitura: Anunciar a oficialização de uma união ou parceria.

Significado básico em geral: Casamento. Noivado. Fusão. União. Vínculo. Conexão. Ligado(a) a algo ou alguém. Envolvimento. Associação. Cooperação. Parceria. Compartilhar. Afiliação. Coalizão. Contrato. Acordo. Pacto. Juramento. Voto. Compromisso. Promessa. Obrigações. Responsabilidades. Deveres. Ritual. Rotina. Assinatura. Garantia. Continuidade. Evento formal. Padrão recorrente. Constância. Repetição de situações. Ciclos. Eventos recorrentes. Federação. Sindicato. Mandato. Convenção. Ratificação.

Personalidade: Representa uma pessoa correta, confiável, responsável e comprometida.

Identificação: Cônjuge, parceiro(a), sócio(a), colaborador(a). Um grupo de pessoas com os mesmos interesses (clube, seita).

Relacionamento: União oficializada, desejo de uma relação séria ou de viver juntos.

Sentimento: Sentimentalmente comprometido(a) e fiel às promessas feitas ao parceiro ou à parceira.

Trabalho: Contrato, trabalho rotineiro, colaboração profissional, compromissos contratuais. Profissão: Profissões relacionadas aos grupos e às joias.

Finanças: Renda regular. Acordo financeiro. Empréstimo.

Saúde: Doença crônica ou recaída de uma doença. Monitoramento contínuo de um tratamento ou doença.

Parte do corpo: Nenhuma correspondência.

Local: A área reservada para o parceiro(a) sócio(a) ou colaborador(a). Clubes.

Objeto: Objetos em forma circular. Itens pertencentes ao esposo ou à esposa. Algo precioso (joias).

Tempo: Uma data recorrente.

Carta temática: União, casamento. Contrato.

Algumas combinações

O Anel + O Navio: Distanciamento no relacionamento ou do(a) parceiro(a). Contrato de compra ou venda. Uma união com limitações. Associação ou parceiro(a) estrangeiro(a). Escapar das responsabilidades.

O Anel + A Casa: Confraternização. Convivência. Coinquilino. Contrato de aluguel. Contrato de construção de um edifício, casa.

O Anel + A Serpente: Madrasta ou sogra. Acordo com uma rival. Relacionamento extraconjugal. Um relacionamento tóxico. Contrato complicado. Uma questão que está relacionada a uma mulher perigosa. Uma união que será concretizada através da manipulação.

O Anel + A Vassoura e O Chicote: Relacionamento abusivo. Acordo sob pressão.

O Anel + O Urso: União forte. Proteger a própria união.

O Anel + O Cão: Unir-se a alguém pela lealdade. Forte conexão com um(a) amigo(a).

O Anel + A Torre: Frieza no casal. União legalizada. Separação legal.

O Anel + O Rato: Desinteresse pela união ou parceria. Um acordo que não agrada. União conturbada.

O Anel + O Livro: Acordos confidenciais (sigilosos). Relação extraconjugal. Carimbo no passaporte.

O Anel + Os Lírios: Relacionamento harmonioso. Laços familiares. Todos os membros da família se unem para resolver uma questão. Pessoa que se compromete com a própria paz. Casamento tardio ou com alguém mais velho. Uma união baseada no sexo.

O Anel + O Sol: Uma associação, união, um contrato ou acordo de êxito.

O Anel + A Chaves: Rito de iniciação.

O Anel + Os Peixes: Compromissos financeiros. Empréstimo. Acordo financeiro. Obrigações financeiras. Parceria lucrativa. União ou conexão por conveniência.

O Anel + A Âncora: Fidelidade. Um acordo seguro. Um contrato de longo prazo. Estar agarrado(a), ligado(a) por um longo período a algo. Estagnação em um relacionamento.

O Anel + A Cruz: Ritual religioso. Assumir uma responsabilidade pode ser ou será um fardo. Uma união que passa por um momento muito difícil. Um relacionamento ou um contrato que é um fardo ou causa sofrimento (sentir-se constrangido(a) em permanecer numa união). A pessoa está vinculada por obrigação. Vínculo cármico.

Carta 26

O LIVRO

10 de Sinos

"O LIVRO assinala uma descoberta iminente. A posição da carta revela como ela se materializa. Requer bastante cuidado, no entanto, é necessário encontrar uma solução."

Philippe Lenormand, 1846

Ficha da carta

Polaridade (energia da carta): Neutra.

Função da carta em uma leitura: Mostrar o que ainda não se sabe.

Significado básico em geral: Mistério. Segredo. Esconder algo. Vida dupla. Desconhecido. Confidencial. Reservado. Aquisição de conhecimento ou de uma informação importante. Preservar algo. Educação. Estudos. Formação. Conhecimento. Aprendizagem. Treinamento. Pesquisa. Investigação. Recolher informações ou provas. Instruções. Memórias.

Personalidade: Representa uma pessoa instruída, educada, culta, mas reservada e fechada.

Identificação: Um(a) professor(a), instrutor(a), analista, amante ou alguém desconhecido.

Relacionamento: Relacionamento secreto. Segredos no casal.

Sentimento: Ocultar os próprios sentimentos (ainda não está preparado(a) para expressar seus sentimentos abertamente) ou esperar para compreender o que sente.

Trabalho: Formação profissional. Estágio. É recomendado não revelar nada que esteja relacionado aos seus negócios. Não se conhece alguns aspectos que dizem respeito ao trabalho ou à gestão.

Profissão: Profissões relacionadas aos livros, à contabilidade, pesquisa, ao ensino e às editoras.

Finanças: Fonte de dinheiro desconhecida. Dinheiro não declarado. Despesas com os estudos.

Saúde: Exame médico. Doença ou diagnóstico indefinido.

Parte do corpo: Cérebro.

Local: Área de estudo ou leitura, estante, livraria, biblioteca, escola, editora. Área reservada ou secreta.

Objeto: Livro, baralho de cartas, pendrive, tablet.

Tempo: Data ainda desconhecida. No futuro.

Carta temática: Estudos. Aprendizagem. Segredos.

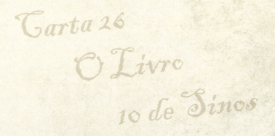

Carta 26
O Livro
10 de Sinos

Código de leitura da carta O Livro

Carta posicionada ANTES do Livro

Carta posicionada DEPOIS do Livro

A carta posicionada **antes** do Livro indica:

- o que permanece sigiloso, fechado, reservado, confidencial;
- o que precisa ser estudado, aprofundado, pesquisado.

A carta posicionada **depois** do Livro indica:

- como serão utilizadas as informações trazidas pela carta posicionada antes do livro;
- o que será conhecido.

Algumas combinações

O Livro + O Trevo: Breve formação ou curso.

O Livro + O Navio: Estudar uma língua estrangeira. Dicionário de línguas. Catálogo de viagens. Afastar-se dos estudos. Passaporte.

O Livro + A Árvore: Segredo de longa data.

O Livro + A Criança: Avançar nos estudos. Aprender algo novo. Minicurso.

O Livro + A Raposa: Manual de sobrevivência. Utilizar informações ou segredos para benefício próprio. Erros cometidos em textos ou livros.

O Livro + As Estrelas: Um mistério será desvendado. Estudos da astrologia. Ensinamento espiritual, geomancia ou numerologia.

O Livro + A Torre: Autoconhecimento. Autoestudo. Administração. Impostos.

O Livro + O Parque: Um segredo se torna público. Biblioteca. Estudar em grupo. Apresentação de um livro.

O Livro + A Montanha: Dificuldades na aprendizagem. Alguém impede que um segredo seja divulgado para todos.

O Livro + Os Caminhos: Decidir de forma racional. Analisar todos os elementos de uma situação antes de tomar uma decisão. Resultados de exames desconhecidos. Revisão de um livro.

O Livro + O Coração: Luta entre a mente e o coração. Livro de poesia ou romance.

O Livro + Os Lírios: Álbum de fotografias. Saber algo sobre a família. Pesquisar sobre sexo.

O Livro + A Âncora: Arquivo de documentos (armazenamento de informações). Ocultação dos fatos. Manter um segredo.

O Livro + A Cruz: Preparar-se para um exame. Segredos que são um fardo para o(a) consulente. Ter de conviver com um segredo.

Carta 27
A CARTA
7 de Folhas

"A CARTA, sem nuvens por perto, designa uma situação positiva, que vem de uma localidade distante, informações favoráveis. No entanto, se as nuvens escuras estão próximas da pessoa, a expectativa é de momentos bastante desagradáveis."

Philippe Lenormand, 1846

Ficha da carta

Polaridade (energia da carta): Neutra.

Função da carta em uma leitura: Trazer notícias ou informações em forma escrita.

Significado básico em geral: Notícia. Comunicação escrita (carta, e-mail, WhatsApp). Transmissão (transferência) de informações. Notificação. Convocação. Todos os tipos de papéis (documentos, recado, solicitação, recibos, boletos, anúncios, artigos etc.). Contato. Vago. Superficial. Falta de profundidade.

Personalidade: Representa uma pessoa comunicativa, mas superficial.

Identificação: Um(a) intermediário(a), um contato (também na rede social), um(a) informador(a).

Relacionamento: Mensagem de amor. Um contato que pode se transformar em um relacionamento. Sentimento: Sentimentos e emoções superficiais. Flerte.

Trabalho: Notícias, informações ou contatos profissionais. Superficialidade ao executar uma tarefa profissional. Trabalho com a transmissão de informações.

Profissão: Profissões relacionadas ao envio e recebimento de informações. Trabalhar no escritório.

Finanças: Envio ou recebimento de dinheiro. Fatura. Extrato da conta. Cartão de crédito.

Saúde: Atestado ou prescrição médica. Resultado de exame clínico. Problemas na visão.

Parte do corpo: Mãos.

Local: Áreas onde se guardam os recibos, cartões de crédito. Caixa do correio.

Objeto: Cartaz, jornal, pacote. Itens de escritório.

Tempo: Algo temporário, curto período, rápido.

Carta temática: Comunicação escrita. Contato.

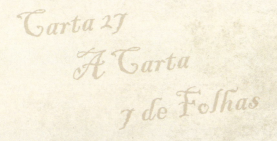

Código de leitura da carta A Carta

A carta posicionada **ANTES** da Carta indica:
- o remetente;
- o conteúdo da carta.

A carta posicionada **DEPOIS** da Carta indica:
- o destinatário;
- o efeito que a notícia irá causar.

Algumas combinações

A Carta + O Cavaleiro: Mensagem foi enviada. Chegada de uma notificação ou convocação. Carteiro.

A Carta + O Navio: Documentos comerciais ou relacionados a uma viagem. Contato com o estrangeiro. Documentos estrangeiros.

A Carta + As Nuvens: Notícias que vão perturbar ou aborrecer.

A Carta + A Serpente: Um texto, um contato que causa graves complicações.

A Carta + O Caixão: Rejeição de um contato. Comunicação com os mortos.

A Carta + O Ramo de Flores: Convite por escrito. Cartão de visita. Uma mensagem que traz felicidade.

A Carta + A Foice: Uma notícia surpreendente.

A Carta + A Raposa: Falsas informações. Carta anônima. Contato falso. Notícia falsa.

A Carta + As Estrelas: Muitas correspondências ou contatos.

A Carta + A Cegonha: Uma notícia muda algo.

A Carta + O Cão: Entrar em contato com um(a) amigo(a). Solicitação de amizade. Contato amigável.

A Carta + A Torre: Notícia da parte de uma autoridade. Notificação judicial. Papéis legais. Certidão de divórcio.

A Carta + A Montanha: Notícias que demoram. E-mail ou contato bloqueado.

A Carta + O Anel: Documentos que devem ser assinados. Contato regular com alguém.

A Carta + O Livro: Contato ou informações confidenciais. Diploma.

Carta 28
O HOMEM
Ás de Corações

Carta 29
A MULHER
Ás de Folhas

"28 - O HOMEM e 29 - A MULHER. Toda a leitura tem como base qualquer uma destas duas cartas, dependendo apenas se o(a) consulente é mulher (n.º 29) ou homem (n.º 28)."

Philippe Lenormand 1846

Ficha da carta

Polaridade: Neutras.

Funções das cartas em uma leitura: As cartas O Homem (n.º 28) e A Mulher (n.º 29) desempenham um único papel numa leitura: o de representarem uma pessoa do sexo masculino ou feminino. Antes de dar início a uma leitura, é importante atribuir uma identidade a cada uma destas cartas consulentes: O Homem e A Mulher. Se a leitura for solicitada por uma pessoa do sexo masculino, a carta O Homem retratará o consulente. Caso a leitura seja solicitada por uma pessoa do sexo feminino, a carta A Mulher representará a consulente.

Pessoa:
- O Homem: esposo, namorado, amante, colega, pai, tio, irmão, primo etc.
- A Mulher: esposa, namorada, amante, colega, mãe, tia, irmã, prima etc.

Saúde:
- O Homem: órgãos masculinos.
- A Mulher: órgãos femininos.

Locais:
- O Homem: espaço que pertence ou é frequentado pelo homem.
- A Mulher: espaço que pertence ou é frequentado pela mulher.

Objetos:
- O Homem: itens pessoais do homem.
- A Mulher: itens pessoais da mulher.

Cartas temáticas:
- O Homem: pessoa do sexo masculino.
- A Mulher: pessoa do sexo feminino.

Código de leitura da carta O Homem

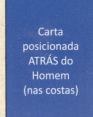
Carta posicionada ATRÁS do Homem (nas costas)

Carta posicionada na FRENTE do Homem (na direção do olhar)

A carta posicionada **ATRÁS** do Homem (nas costas) indica:
- eventos do passado ou fatos que o homem ignora.

A carta posicionada na **FRENTE** do Homem (na direção do olhar) indica:
- eventos ou situações que encontrará em breve ou no futuro;
- no que o homem está focado no momento.

Algumas combinações

O Homem + O Cavaleiro: O homem receberá uma informação ou uma notícia em breve. Alguém ou algo entrará na vida dele.

O Homem + O Navio: O homem vai viajar. Um homem de negócios ou estrangeiro.

O Homem + O Caixão: O homem vai terminar algo; ficará doente ou depressivo.

O Homem + As Estrelas: O homem atingirá seus objetivos. Está se aproximando uma fase feliz para ele.

O Homem + O Parque: O homem participará de um evento público ou tornará algo público.

O Homem + Os Caminhos: Uma decisão dependerá do homem.

Código de leitura da carta A Mulher

Carta posicionada na FRENTE da Mulher (na direção do olhar)

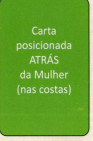
Carta posicionada ATRÁS da Mulher (nas costas)

A carta posicionada na FRENTE da Mulher (na direção do olhar) indica:

- eventos ou situações que encontrará em breve ou no futuro;
- no que a mulher está focada no momento.

A carta posicionada ATRÁS da Mulher (nas costas) indica:

- eventos do passado ou fatos que a mulher ignora.

Algumas combinações

A Mulher + O Cavaleiro: A mulher recebeu uma notícia recentemente.

A Mulher + A Árvore: A mulher não cuida da sua saúde. Uma mulher da família.

A Mulher + O Ramo de Flores: A mulher recebeu um convite.

A Mulher + A Criança: A mulher iniciou uma nova etapa da sua vida. Uma mulher jovem.

A Mulher + A Torre: Mulher separada ou solitária.

A Mulher + O Livro: A mulher tem um segredo ou esconde uma informação importante.

As duas cartas extras

Nosso baralho contém duas cartas extras:
- um homem;
- uma mulher.

Por que necessitamos de mais duas cartas extras?

Exemplo: Se um homem solicitar uma leitura para o seu irmão, tio, colega ou até mesmo para o seu companheiro, a carta nº 28, representará o nosso consulente, e a carta nº 29, a outra pessoa do sexo masculino (companheiro, irmão, tio etc.).

Caso a consulente (mulher) solicite uma leitura para a sua amiga, irmã, colega ou até mesmo para a sua companheira, a carta nº 29 representará a nossa consulente, e a carta nº 28, a outra pessoa do sexo feminino (amiga, irmã etc.).

Carta 30
OS LÍRIOS
Rei de Folhas

"OS LÍRIOS são indicadores de uma vida feliz. Com as nuvens por perto, assinalam uma decepção familiar. Se esta carta aparece em cima da pessoa, indica que ela é virtuosa; se posicionada sob a pessoa, seus princípios morais são dúbios."

Philippe Lenormand, 1846

Ficha da carta

Polaridade (energia da carta): Positiva.

Função da carta em uma leitura: Trazer informações sobre a família, sexualidade e maturidade do(a) consulente.

Significado básico em geral: Virtude. Pureza. Castidade. Calma. Serenidade. Harmonia. Paz. Perdão. Dignidade. Sabedoria. Maturidade. Experiência. Proteção. Família. Sexo. Intimidade.

Personalidade: Representa uma pessoa pacífica, harmoniosa e madura, mais velha, membro da família.

Identificação: Médico, juiz, assistente social, um consultor familiar, embaixador, magistrado, médico especialista.

Relacionamento: Na hipótese de crise ou separação, é possível a reconciliação. Uma relação harmoniosa e equilibrada.

Sentimento: Sentimento pacífico, puro, harmonioso e reconciliador.

Trabalho: Apoio por parte dos colegas, aposentadoria, lentidão na realização dos projetos profissionais.

Profissão: Profissões relacionadas às pessoas idosas, aos serviços de assistência ou ao sexo.

Finanças: Recursos financeiros que vêm da família ou da ajuda do governo.

Saúde: Doença associada ao frio ou à idade. Hormônios.

Parte do corpo: Genitais.

Local: Zonas frias. Casa dos avós ou de repouso.

Objeto: Frigorífico, congelador, itens da família ou sexuais.

Tempo: Longo tempo.

Estação do ano: Inverno.

Clima e temperatura: Frio.

Carta temática: Família. Sexo.

Algumas combinações

Os Lírios + O Trevo: Velhice precoce. Sexo rápido, mas satisfatório.

Os Lírios + O Navio: Distanciamento da família. Sexo em um país estrangeiro.

Os Lírios + O Caixão: Uma família ausente. Ausência de sexo. Luto de uma pessoa mais velha ou de um familiar.

Os Lírios + O Ramo de Flores: Vida familiar ou sexual feliz. Oferecer ajuda.

Os Lírios + A Vassoura e O Chicote: Conflitos na família, uma família agressiva, polêmica. Sadomasoquismo.

Os Lírios + O Urso: Família superprotetora. Familiares que exercem a função de pais. Receber ajuda ou apoio de uma pessoa mais velha (homem).

Os Lírios + As Estrelas: Família numerosa.

Os Lírios + A Cegonha: Mudanças na família ou vida sexual.

Os Lírios + O Cão: Consolo ou apoio de familiares e amigos.

Os Lírios + A Montanha: Sem contato com a família no momento. Problemas graves na família. Problemas sexuais (impotência).

Os Lírios + Os Caminhos: Decisão que é tomada com calma.

Os Lírios + A Lua: O(A) consulente é reconhecido(a) pela maturidade e seriedade.

Carta 31
O SOL
Ás de Sinos

"O SOL, quando próximo da carta do(a) consulente, é um indicador de felicidade e plenitude, dado que ele irradia energia luminosa e quente. Afastado, traduz infortúnio e esterilidade, já que a ausência do Sol é significado de inexistência."

Philippe Lenormand, 1846

Ficha da carta

Polaridade (energia da carta): Positiva.

Função da carta em uma leitura: Anunciar em qual área da vida o(a) consulente está satisfeito e tem a chance de alcançar seus objetivos.

Significado básico em geral: Afirmação. Positividade. Triunfo. Grande vitória. Sucesso. Realização. Felicidade. Energia. Vitalidade. Autoconfiança. Autoestima. Uma grande alegria. Motivação. Vontade. Calor. Algo que será resolvido da melhor maneira. A verdade. Abundância.

Personalidade: Representa uma pessoa otimista, alegre, cheia de energia e joia de viver.

Identificação: Uma pessoa do Sul ou país tropical. Um eletricista, reikiano.

Relacionamento: Muita felicidade, fortalecimento de uma união.

Sentimento: Sentimentos positivos, otimistas e grandes.

Trabalho: Eficiência profissional, avanço profissional, posição de prestígio.

Profissão: Profissões relacionadas à energia.

Finanças: Melhoria financeira.

Saúde: Desidratação. Queimadura. Vitamina D. Recuperação em caso de doença.

Parte do corpo: Olhos.

Local: No Sul. No deserto. Perto de eletrodomésticos que emanam calor.

Objeto: Lâmpadas. Baterias. Velas. Fornos. Aquecedores.

Tempo: Durante o dia. 365 dias.

Hora do dia: Meio-dia.

Estação do ano: Verão.

Clima e temperatura: Quente, abafado, calor.

Algumas combinações

O Sol + O Trevo: Pequena felicidade ou sucesso. Aproveitar as oportunidades da vida. Felicidade inesperada.

O Sol + A Casa: Felicidade em casa.

O Sol + A Árvore: Alegria de viver.

O Sol + A Foice: Sucesso inesperado. Receber um choque elétrico. Incêndio.

O Sol + A Raposa: Não demonstrar sua felicidade. Omitir a verdade sobre uma situação.

O Sol + O Urso: Posição otimista e corajosa diante das dificuldades da vida.

O Sol + O Cão: Muito confiante na vida.

O Sol + A Montanha: Atraso no sucesso. Impedido(a) de viver um sucesso ou uma vitória. É possível que o(a) consulente seja o(a) responsável pelo bloqueio da sua própria felicidade. Incapacidade de se sentir feliz.

O Sol + O Rato: Perda do entusiasmo diante da vida. Falta de energia. Felicidade roubada.

Carta 32

A LUA
8 de Corações

"A LUA é tradutora de grandes honras, sucesso e reconhecimento, se a carta aparece próxima da pessoa em questão. Se aparece distante, traduz infortúnio e mendicidade."

Philippe Lenormand, 1846

Ficha da carta

Polaridade (energia da carta): Positiva.

Função da carta em uma leitura: Mostrar a reputação ou onde o(a) consulente será reconhecido(a).

Significado básico em geral: Honra. Fama. Glória. Reconhecimento social ou méritos. Reputação. Receber respeito. Holofotes. Sucesso. Grande talento. Sensibilidade. Sentimentalismo.

Personalidade: Representa uma pessoa de sucesso, sensível, emocional (às vezes, melancólica).

Identificação: Uma pessoa conhecida.

Relacionamento: Romance, sentimentalismo.

Sentimento: Sentir-se ou colocar o outro como o centro das atenções. O(A) consulente necessita de apreciações constantes para se sentir amado(a).

Trabalho: Reconhecimento e sucesso profissional, trabalhar no turno da noite.

Profissão: Profissões relacionadas à arte.

Finanças: Recompensa ou prêmio em dinheiro. Poder financeiro.

Saúde: Seios, distúrbios hormonais.

Parte do corpo: Rosto. Seios.

Local: Países ou áreas reservadas aos muçulmanos. Uma zona de destaque na cidade do(a) consulente.

Objeto: Espelho. Itens em prata.

Tempo: 28 dias, ciclos.

Hora do dia: Ao anoitecer.

Carta temática: Fama, reconhecimento, reputação.

Algumas combinações

A Lua + A Serpente: Manchar a reputação de alguém.

A Lua + O Ramo de Flores: Recompensa, premiação.

A Lua + A Foice: Fama ou recompensa inesperada.

A Lua + A Criança: Pequeno reconhecimento.

A Lua + As Estrelas: Talento natural. Grande reconhecimento (pelo caráter, trabalho, talento, atitude etc.). Ser reconhecido(a) como astrólogo(a).

A Lua + A Cegonha: Mudanças na reputação.

A Lua + O Parque: Ser homenageado(a) em público (em uma comunidade ou grupo).

A Lua + A Montanha: Obstáculos ou grandes desafios para conquistar a fama ou ser reconhecido(a).

A Lua + O Anel: Colaborar com uma pessoa famosa.

A Lua + Os Peixes: Ganhar posição através do dinheiro.

A Lua + A Âncora: Reconhecimento profissional. Estabilidade emocional. Preservação de status. A reputação é extremamente importante para o(a) consulente.

Carta 33

A CHAVE
8 de Sinos

"A CHAVE, quando próxima da carta da pessoa, significa sucesso garantido de um projeto ou de uma situação; quando distante, o significado é exatamente o oposto."

Philippe Lenormand, 1846

Ficha da carta

Polaridade (energia da carta): Neutra.

Função da carta em uma leitura: Apontar onde o(a) consulente pode encontrar a solução para os seus problemas.

Significado básico em geral: Momento chave na vida. Solução. Certeza. Resposta. Resultado. Segurança. Acesso. Abertura. Desbloqueio. Independência. Conquista. Avanço. Novos começos. Construção. Descoberta. Revelação. Insight. Ação voluntária. Algo inevitável acontecerá. Novas tecnologias.

Personalidade: Representa uma pessoa segura de si, determinada, corajosa e confiável.

Identificação: Segurador(a), intérprete, programador(a).

Relacionamento: Um relacionamento que será a solução de alguns problemas que o(a) consulente enfrenta. Também anuncia que o(a) consulente está pronto(a) para assumir um relacionamento.

Sentimento: Sentimentos firmes.

Trabalho: Um projeto que ganha vida. Solução para um problema profissional.

Profissão: Profissões relacionadas aos metais, às ferramentas pequenas e ao artesanato.

Finanças: Encontrar a solução para um problema financeiro.

Saúde: Encontrar o tratamento correto.

Parte do corpo: Clavícula.

Local: Na porta de entrada. Nos portões.

Objeto: Objetos de metal (ferramentas, chaves). Controle remoto.

Tempo: Depende do(a) consulente.

Carta temática: Solução, abrir algo.

Código de leitura da carta A Chave

Carta posicionada ANTES da Chave

Carta posicionada DEPOIS da Chave

A carta posicionada **ANTES** da Chave indica:
- o assunto que está protegido ou fechado;
- o que não está acessível aos outros.

A carta posicionada **DEPOIS** da Chave indica:
- a abertura da carta aqui posicionada;
- aponta uma solução ou o que o(a) consulente precisa fazer para resolver uma questão.

Algumas combinações

A Chave + O Trevo: As oportunidades que surgem na vida do(a) consulente.

A Chave + A Serpente: Descoberta de um(a) inimigo(a) ou rival.

A Chave + A Vassoura e O Chicote: Um conflito, confronto decisivo. Uma denúncia ou processo inevitável.

A Chave + Os Pássaros: Descobrir algo durante uma conversa. A solução está numa boa conversa.

A Chaves + A Criança: Pronto(a) para novas experiências. Uma solução será apresentada. Descobrir algo novo.

A Chave + A Raposa: Descoberta de uma grande mentira. A solução de um problema é usar astúcia e estratégia. Um sucesso baseado em mentira.

A Chave + As Estrelas: Um projeto aprovado.

A Chave + O Parque: Um evento que acontecerá.

A Chave + A Montanha: Encontrar grandes impedimentos na solução de uma questão.

A Chave + Os Caminhos: Pronto(a) para tomar uma decisão. São apresentadas diversas opções para uma questão.

A Chave + O Anel: A solução está na união das partes envolvidas para a concretização de um acordo benéfico.

A Chave + O Sol: Solução favorável. Com toda a certeza, terá uma grande vitória em uma situação.

A Chave + O Livro: Aquisição de novos conhecimentos. Uma revelação. Pronto(a) para os estudos. Evidência comprometedora. Recuperação de provas. Pendrive. Senha.

A Chave + Os Lírios: Agir com diplomacia. Recuperação de uma doença. A reconciliação é certa. Contato sexual. Vibrador. A pessoa é motivada pelo sexo.

Carta 34

OS PEIXES
Rei de Sinos

"OS PEIXES, estando próximos da pessoa, indicam grande prosperidade, através de empreendedorismo marítimo e um conjunto de projetos frutíferos; se distantes, eles indicam o insucesso de todo ou qualquer projeto, não importando o empenho aplicado nele."

Philippe Lenormand, 1846

Ficha da carta

Polaridade (energia da carta): Neutra.

Função da carta em uma leitura: Informar sobre o dinheiro e questões econômicas.

Significado básico em geral: Finanças. Dinheiro. Ganhos. Lucro. Investimento. Negócios em geral. Prosperidade. Riqueza (material e emocional). Algo valioso. Fertilidade. Expansão. Liberdade.

Personalidade: Representa uma pessoa materialista.

Identificação: Bancário, empresário, nadador.

Relacionamento: Relacionamento fugaz ou pouco seguro. Um relacionamento que envolve bens materiais.

Sentimento: Sentimentos de oportunismo financeiro ou não (outros interesses).

Trabalho: Atividades associadas ao dinheiro (banco, caixeiro, vendedor etc.).

Profissão: Profissões relacionadas ao dinheiro ou à água.

Finanças: Chegada de dinheiro ou aumento de lucro. Salário.

Saúde: Retenção de líquidos no corpo. Cura por meio da água.

Parte do corpo: Rins. Bexiga.

Local: Zonas aquáticas (lagos, rios, oceanos, piscinas). Zonas alagadas.

Objeto: Moedas. Acessórios de pesca.

Tempo: Rápido.

Estação do ano: Estação chuvosa.

Clima e temperatura: Úmido.

Carta temática: Finanças.

Algumas combinações

Os Peixes + O Cavaleiro: Envio de dinheiro. Movimentação financeira.

Os Peixes + O Trevo: Pequenos lucros.

Os Peixes + A Casa: Investir dinheiro em uma propriedade. Financiamento para comprar um imóvel. Negócios em casa. Negócios imobiliários.

Os Peixes + As Nuvens: A situação financeira fica um pouco pior. Situação financeira instável.

Os Peixes + O Caixão: Sem recursos financeiros. Enorme perda financeira ao final de algo (por exemplo: divórcio). Falência.

Os Peixes + O Ramo de Flores: Ganhos com o artesanato ou estética.

Os Peixes + A Foice: Necessidade urgente de dinheiro. Dinheiro que chega rapidamente.

Os Peixes + A Criança: Pequena quantia (pequeno rendimento). Mesada. Baixo salário. Pequenos negócios. Investir (gastar) dinheiro com os filhos ou com alguém jovem.

Os Peixes + As Estrelas: Muito dinheiro. Aumento de renda. Ganhar dinheiro através de um trabalho esotérico ou da internet. Negócios com a tecnologia.

Os Peixes + O Parque: Fundos públicos. Dinheiro dos outros.

Os Peixes + A Montanha: Uma dívida que não será paga imediatamente. Adiamento no pagamento ou recebimento de uma quantia em dinheiro. Poupança (economia).

Os Peixes + Os Caminhos: Decisões financeiras. Renda que vem de diversas fontes. Vários interesses sentimentais.

Os Peixes + O Rato: Desperdício de dinheiro. O dinheiro não é suficiente.

Os Peixes + O Anel: Rendimento regular.

Os Peixes + A Chave: Segurança financeira garantida.

Os Peixes + A Cruz: Responsabilidade financeira.

Carta 35

A ÂNCORA
9 de Folhas

"A ÂNCORA diz-nos que há empreendedorismo bem-sucedido, através de intercâmbio marítimo e sucesso comercial, e também um relacionamento verdadeiro. Quando está distante da pessoa, ela indica um completo insucesso de projetos e insegurança no relacionamento."

Philippe Lenormand, 1846

Ficha da carta

Polaridade (energia da carta): Neutra.

Função da carta em uma leitura: Informar sobre as questões profissionais do(a) consulente.

Significado básico em geral: Esperança. Trabalho. Emprego. Ocupação. Segurança (situações seguras). Estabilidade. Fortalecimento. Objetivos a longo prazo. Chegada. Alcançar um objetivo. Agarrar-se. Apego. Estar vinculado(a). Não poder libertar-se. Dependência (vícios). Obstinação.

Personalidade: Representa uma pessoa equilibrada, com os pés bem firmes no chão.

Identificação: Colega de trabalho ou alguém que o(a) consulente é apegado(a).

Relacionamento: Fidelidade. Compromisso sério.

Sentimento: Emoções e sentimentos estáveis.

Trabalho: Emprego estável e fixo.

Profissão: Profissões relacionadas ao mar ou à mecânica.

Finanças: Renda estável ou dependência financeira.

Saúde: Nenhuma alteração no estado de saúde.

Parte do corpo: Quadril. Pelve. Bacia.

Local: Local de trabalho. Ilhas, áreas costeiras. Estação (ônibus, trem).

Objeto: Ferro, motores. Itens relacionados com a profissão do(a) consulente.

Tempo: Longo prazo.

Carta temática: Trabalho.

Código de leitura da carta A Âncora

A carta posicionada **ANTES** da Âncora indica:
- indicações sobre a profissão do(a) consulente;
- o que está estável;
- o que o(a) consulente espera ou em que está agarrado(a) (não solta).

A carta posicionada **DEPOIS** da Âncora indica:
- as condições profissionais do(a) consulente;
- as esperanças que o(a) consulente nutre.

Algumas combinações

A Âncora + O Navio: Trabalhar em outro país ou com pessoas estrangeiras. Afastamento do trabalho.

A Âncora + A Árvore: Esperar algo há muito tempo.

A Âncora + A Serpente: Complicações no trabalho. Colegas invejosos.

A Âncora + A Foice: Mudanças repentinas no trabalho ou na vida.

A Âncora + A Criança: Trabalho em regime de tempo parcial.

A Âncora + A Raposa: Cometer erros nas tarefas de trabalho. Falsas esperanças.

A Âncora + As Estrelas: Aumento da confiança. Trabalhar nos próprios objetivos.

A Âncora + A Cegonha: Efetuar mudanças no modo de trabalhar ou no ambiente profissional.

A Âncora + O Cão: Postura correta no trabalho. Uma esperança que surge por meio de um amigo.

A Âncora + A Torre: Trabalho independente.

A Âncora + O Rato: Um trabalho ou função de pouca importância. Ganhar a vida fazendo um trabalho ilegal (contrabando ou pirataria).

A Âncora + O Livro: Esperar em silêncio.

A Âncora + O Sol: Concluir um negócio ou trabalho com êxito.

A Âncora + A Lua: Ser prestigiado(a) ou reconhecido(a) pelo seu profissionalismo.

A Âncora + A Cruz: Trabalhar em uma organização religiosa.

Carta 36

A CRUZ
6 de Nozes

"A CRUZ indica sempre uma situação desagradável em toda e qualquer circunstância. Se muito próxima da carta da pessoa, o período de infortúnio é de curta duração."

Philippe Lenormand, 1846

Ficha da carta

Polaridade (energia da carta): Negativa.

Função da carta em uma leitura: Trazer grandes sofrimentos, cargos e responsabilidades à vida do(a) consulente.

Significado básico em geral: Um período difícil da vida. Sofrimento. Sacrifício. Privação. Dor. Luto. Angústia. Teste do destino. Pressão. Superar uma prova difícil. Algo inevitável. Uma grande responsabilidade ou dever. Provação. Fardo pesado. Sobrecarga. Missão a ser cumprida. Algo inevitável que tem de ser feito. Algo doloroso, exaustivo, penoso de se conviver. Condenação. Arrependimento. Culpa. Fé. Religião. Doutrinação.

Personalidade: Representa uma pessoa religiosa, crente, sobrecarregada.

Identificação: Doente, infortunado(a), acusado (réu), acusada (ré), condenado(a), sacerdote, freira, deficiente.

Relacionamento: Problemas ou provas difíceis para superar no relacionamento. Possível separação.

Sentimento: Sentimentos de culpa ou de sacrifício em favor do outro.

Trabalho: Sentir-se sobrecarregado(a) com o trabalho ou assumir mais responsabilidades profissionais.

Profissão: Profissões relacionadas à religião.

Finanças: Dívidas ou encargos financeiros.

Saúde: Infortúnio. Doenças crônicas ou hereditárias. No caso de doença, indica complicações graves e um tratamento difícil. Hospitalização.

Parte do corpo: Ombros. Costas.

Local: Local sagrado ou de culto (igreja, templo, mesquita, altar).

Objetos: Itens religiosos.

Tempo: Atraso, longo tempo. Durante as festas religiosas.

Carta temática: Religião, crença.

Código de leitura da carta A Cruz

A carta posicionada ANTES da Cruz indica:
- que a carta aqui posicionada, recebe a intensidade negativa dos significados atribuídos à Cruz.

A carta posicionada DEPOIS da Cruz indica:
- que é necessário prestar atenção à carta aqui posicionada, pois irá modificar ou acentuar (no caso de cartas paradas) a energia trazida pela carta à Cruz.

Algumas combinações

A Cruz + A Casa: Infortúnio doméstico.

A Cruz + O Caixão: Livrar-se de um peso. Término de uma fase difícil. Falecimento depois de uma longa e difícil doença. Fim do sofrimento. Fim de uma missão. Pessoa sem fé. Um final difícil.

A Cruz + O Ramo de Flores: Recuperação depois de um momento difícil.

A Cruz + A Foice: Uma grave lesão.

A Cruz + A Vassoura e O Chicote: Punição, condenação merecida.

A Cruz + Os Pássaros: Exame oral.

A Cruz + A Raposa: Falsos religiosos ou crenças.

A Cruz + Os Caminhos: Escolha dolorosa, mas inevitável. Reconsideração religiosa.

A Cruz + O Rato: Sacrificar-se por algo inútil.

A Cruz + O Coração: O(A) consulente está disposto(a) a se sacrificar em nome do amor ou da compaixão pelo próximo.

A Cruz + O Anel: Uma série de provações.

A Cruz + O Livro: Transferir os sofrimentos da vida para si mesmo(a). Ideologia religiosa mantida em segredo.

A Cruz + Os Lírios: Budismo. A pessoa aceita uma situação difícil e vive em paz com a sua condição de vida. Assumir cargos que dizem respeito à família.

A leitura das cartas Lenormand

A maneira mais fácil de conhecer o seu baralho é praticando com ele todos os dias. Isso mesmo. Não pense que um livrinho de instruções, como este, seja suficiente para formar o seu conhecimento em relação ao baralho. Por favor, acredite! Para dominar tudo o que diz respeito ao baralho é necessário dedicação diária teórica e **muita prática**. Caso queira ampliar seus estudos, aconselho adquirir o meu livro intitulado *O livro completo do baralho Petit Lenormand*, da Editora Alfabeto.

No início dos estudos, aconselho todos os meus alunos a começarem a praticar com lançamentos pequenos, como o método das três cartas.

Siga a seguinte sequência:

1. Determine de forma clara o tema a ser abordado na leitura.
2. Defina sua pergunta de maneira clara.
3. Embaralhe as cartas, focalizando mentalmente a pergunta ou verbalizando-a em voz alta.
4. Espalhe na mesa, em forma de meia-lua, o baralho virado para baixo (sem mostrar as imagens).
5. Escolha, ao acaso, três cartas e as coloque na sua frente viradas para cima (com a imagem visível).

O método das "três cartas"

Este método não se adequa a uma consulta abrangente. Portanto, mantenha o foco em seguir as leituras com perguntas claras e precisas, além de responder sempre dentro do contexto do assunto abordado.

A técnica de leitura

Após embaralhar, coloque três cartas na sua mesa de trabalho na seguinte ordem:

Primeiro passo: Focalize a carta central, ou seja, a carta na posição 2. A carta "hóspede" nessa casa tem uma grande importância, pois revelará informações que terão um peso enorme na leitura.

Segundo passo: Una primeiro as casas 1+3:

Terceiro passo: Depois, una as casas 1+2. Por fim, una as casas 2+3:

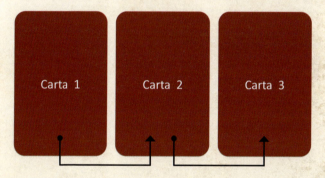

A leitura das combinações deve ser feita separadamente, ou seja, não deve ser feita em conjunto. Ao invés disso, leia um par de cartas a cada vez. Somente ao término é que deve ser feito um resumo da "leitura" completa. Experimente esta leitura com um exemplo concreto, para tornar mais clara a técnica.

> **Nota importante:** Com este método, não é necessário somar as três casas para obter uma carta extra que sirva de conselho. Se, eventualmente, necessitar de conselhos ou sugestões a respeito de uma questão relevante, você pode sempre optar por uma nova leitura.

SOBRE A AUTORA E A ILUSTRADORA

ODETE LOPES MAZZA

A autora nasceu em Moçambique e sua origem é indiana (Goa). Atualmente reside na Suíça Italiana (Ticino). Faz parte da quarta geração de uma família de cartomantes e astrólogos. Aos cinco anos, começou sua jornada com um baralho de cartas comum e, no ano seguinte (1971), teve a primeira experiência com as "francesinhas", nome que sua avó deu ao baralho Petit Lenormand. Seu profundo conhecimento sobre símbolos a levou a trabalhar e colaborar com diversos autores e arqueólogos em diversos projetos. É autora de dois livros na Itália (Hermes Edizione - Roma) que foram *best-sellers* naquela época: *L´Oracolo della Vera Sibilla Italiana* (1999) e *L´Oracolo di Mademoiselle Lenormand* (2001). Também escreveu dois livros com o pseudônimo de Sheyla, em homenagem a sua avó. Em 2015, publicou o livro *Baralho Petit Lenormand - Introdução às Combinações*, publicado no Brasil pela Editora Perse. É coautora do Baralho A Sibila do Coração (2015) com o grande historiador e escritor italiano Giordano Berti. Também em 2015, publicou o kit do Grand Tableau. É fundadora e administradora do Fórum Místico Lusitano (2017). Em 2021, publicou, em Portugal, o livro *A Bíblia do Baralho Petit Lenormand*, pela editora Farol, obra traduzida para o italiano (Amazon), espanhol (Amazon), inglês (Amazon) e português brasileiro (publicado pela editora Alfabeto com o título *O livro completo do baralho Petit Lenormand*).

Julia Flohr

A ilustradora sempre demonstrou um grande amor pelo desenho. Após se formar em Design pela PUC-Rio e ter trabalhado com estamparia e design gráfico, ela encontrou sua verdadeira paixão na arte da ilustração. Apaixonada pela natureza e pelos animais, especializou-se no mercado editorial de livros infantis e participou de dezenas de publicações.

No entanto, ao ver uma amiga que fazia leituras de cartas com belos baralhos, apaixonou-se pelo mundo esotérico e percebeu que suas habilidades artísticas se encaixavam perfeitamente com baralhos de tarô e baralhos lenormand.

Há três anos, dedica-se a trazer os mais variados oráculos à vida para interpretações que são realizadas ao redor do mundo.